毛泽东自述

增订本

人民出版社

再 版 说 明

　　1993 年，为纪念毛泽东同志诞辰 100 周年，人民出版社出版了《毛泽东自述》一书；1996 年，编者又补充了毛泽东同海伦·斯诺、詹姆斯·贝特兰、斯坦因、安娜·路易斯·斯特朗等人的 4 次谈话和有关谈话的背景材料出版《毛泽东自述》（增订本）。本书出版后，受到广大读者热烈欢迎和一致好评。

　　进入新世纪，由于排版技术升级换代与该书责任编辑退休，《毛泽东自述》一直处于缺货断档状态，很多读者致信致电人民出版社，请求重印该书。

　　今年，恰逢毛泽东同志诞辰 130 周年，我们决定再版本书。本次再版对原书个别内容进行了订正优化。

　　谨以此纪念毛泽东同志诞辰 130 周年！

2023 年 8 月

增 订 说 明

1993 年 2 月本书出版以后，我们又搜集到一些有关资料，计有：

1937 年毛泽东同海伦·斯诺的谈话；

1937 年毛泽东同詹姆斯·贝特兰的谈话；

1944 年毛泽东同斯坦因的谈话；

1946 年毛泽东同安娜·路易斯·斯特朗的谈话。

同时还搜集到上述其中 3 次谈话的背景材料。

将以上 4 次谈话及其有关背景材料，按时间顺序接排在原书的后面，作为本书的增订部分，特此说明。

谨以此深深怀念已离开我们 20 年的伟大导师毛泽东！

1996 年 9 月

出 版 说 明

本书辑录了毛泽东 1936、1939、1965 和 1970 年同斯诺的 4 次谈话以及有关背景材料。1936 年谈话，经当年的翻译吴黎平作过认真校订，我社 1979 年以《毛泽东1936 年同斯诺的谈话》为题曾经出版过单行本；1939、1965 年谈话选自三联书店 1982 年版《斯诺在中国》一书；1970 年谈话选自三联书店 1971 年版《美国友好人士斯诺访华文章》一书。以上 4 篇谈话均出自毛泽东口述，1936年谈话还经他本人审阅过。这些谈话讲述了自己的革命经历，对当时的许多重大政治问题阐明了自己的观点，并作了科学的预见，十分难得，极为重要，公开发表后引起轰动，在国内外广泛流传，影响了几代人，至今仍然是认识、研究这位伟大巨人的重要依据。

这次辑录出版，我们又进行了一次校订，如将毛泽东母亲的名字"文其美"改正为"文七妹"等；对有的篇目中的个别文句作了必要的删节，特此说明。

谨以此来纪念伟大导师毛泽东诞辰 100 周年！

1992 年 12 月

目　录

毛泽东同斯诺的 4 次谈话

埃德加·斯诺

美国著名的新闻记者、中国问题专家。22岁到中国，1936年7月到陕北，是第一位到革命根据地采访的外国记者。从那时起的35年中，毛泽东与他5次会面，进行了广泛的交谈，畅谈了自己的思想、观点。著有《西行漫记》、《大河彼岸》等11部书。1972年2月去世，据临终遗愿，一半骨灰安葬在北京大学未名湖畔。

1936 年的谈话

前　言

　　本书汇集了美国记者斯诺所记述的伟大领袖和导师毛泽东同志 1936 年在陕北保安同他的几次谈话。斯诺在宋庆龄先生和我们在国民党统治区的地下党组织的帮助下突破国民党的封锁线，于 1936 年 7 月间来到当时中共中央和中国工农红军总部所在地的陕北保安县城。他是来到陕甘宁革命根据地的第一个外国记者。毛泽东同志和周恩来同志对他的采访活动甚为重视，他来后不久，毛泽东同志在 7 月 16 日就接见了他，并在几天内同他进行了关于当时抗战形势的谈话，在 9 月 23 日，进行了关于党的统一战线政策问题的谈话。斯诺在陕北的 3 个多月里，进行了广泛的采访活动，还到前线部队去过，于 10 月间回保安。这时，毛泽东同志又同他谈了关于自己的革命经历和长征的主要经过情况。这些异常珍贵的谈话，不仅有重大的现实意义，而且有深远的历史意义。

　　早在抗日战争爆发前一年，即 1936 年 7 月，毛泽东同志以马列主义的真知卓识，科学地深刻地分析了行将到来的抗日战争的形势和开展国内、国际反对日本帝国主义的统一战线的必要性与可能性，也指出了持久战的战略，和中国必胜的根据。后来抗战发展的进程，完全证实了他的预见的正确性。这是马列主义科学分析的深邃的洞察力和预见力的典范，是毛泽东同志半个多世纪领导我国革命缔造我们中华人民共和国的正确的革命路线的光辉范例之一。

毛泽东同志在 1938 年 5 月写《论持久战》这篇著作时曾经引用了他同斯诺谈话的几个段落。他根据抗战 10 个月的经验，对于谈话中所作的论述作了进一步的有系统的发挥，写成了《论持久战》这部指导抗战直到完全胜利的光辉的名著。这一著作的主要论点，毛泽东同志早在两年前同斯诺的谈话中，就已经指明了。

1936 年 10 月间，斯诺从前线部队回来，多次请求毛泽东同志谈谈自己的革命经历，他考虑了很久才同意了。他谈了自己的成长过程以及红军的长征经过。毛泽东同志的这次叙述，不仅是无比的珍贵，而且是如何对个人成长进行历史唯物主义分析的光辉典范。他没有任何的矫饰，辩证地唯物主义地阐述了自己如何从帝国主义封建主义统治下的中国黑暗旧社会中斗争过来，如何从一个早期不可避免地受到旧社会的旧思想的某些影响的少年成长起来的进程。我们从这里可以看到一个伟大的马克思主义者，中国人民的伟大的革命导师和革命领袖光辉灿烂的发展进程。毛泽东同志后来在 1962 年说："如果有人说，有哪一位同志，比如说中央的任何同志，比如说我自己，对于中国革命的规律，在一开始的时候就完全认识了，那是吹牛，你们切记不要信，没有那回事。过去，特别是开始时期，我们只是一股劲儿要革命，至于怎么革法，革些什么，哪些先革，哪些后革，哪些要到下一阶段才革，在一个相当长的时间内，都没有弄清楚，或者说没有完全弄清楚。我讲我们中国共产党人在民主革命时期艰难地但是成功地认识中国革命规律这一段历史情况的目的，是想引导同志们理解这样一件事：对于建设社会主义的规律的认识，必须有一个过程。必须从实践出发，从没有经验到有经验，从有较少的经验，到有较多的经验，从建设社会主义这个未被认识的必然王国，到逐步地克服盲目性、认识客观规律，从而获得自由，在认识上出现一个飞跃，到达自由王国。"这是何等深刻的正确的辩证唯物主义、历史唯物主义的教导。毛泽东同志正是本着这样的精神来叙述自己的革命经历的。

斯诺在《西行漫记》中关于长征的记述，虽然基本上是根据毛泽东同志的阐述，但可以看出他还吸收了其他同志所提供的具体材料，并且是用他自己的语言写的。毛泽东同志是遵义会议后直接指挥工农红军，转败为胜，取得历史性伟大胜利、成功地结束长征的英明统帅。长征中召开的遵义会议，在毛泽东同志的领导和周恩来、朱德等同志对毛泽东同志的有力支持之下，结束了王明路线的统治，改组了党中央的领导，奠定了毛泽东同志在全党全军的最高领导地位，从而在革命的紧急关头挽救了党，挽救了工农红军，挽救了革命。以后毛泽东同志又领导党和红军粉碎了张国焘的退却逃跑路线和分裂党、分裂红军的阴谋，使英勇的长征能以伟大的胜利而告完成。如果不是贯彻执行毛泽东同志的正确的政治路线和巧妙的战略战术，那么英勇长征的工农红军，就有可能像石达开的太平军那样被反动派所消灭。我们的长征的胜利和往后的革命斗争的伟大胜利就根本谈不到，我们革命不知会被推迟多少年，中国人民不知要再吃多少苦。斯诺的这一部分记述虽然没有足够地反映毛泽东同志在长征中所起的领导作用，但是看了长征路上的惊心动魄的斗争，我们也就能进一步了解毛泽东同志在缔造我们国家的革命历史上的伟大功勋和毛泽东同志的思想、路线的英明正确，更有力地推动我们对毛泽东思想的学习。

斯诺写的以毛泽东同志谈话为主干的《西行漫记》一书，1937—1938年在伦敦和纽约分别出版后，立即轰动了全世界，受到了世界各国的重视和全世界广大读者的热烈欢迎，成为当时国际上发行最广、最多的著述之一。该书当时在上海出版的中文译本，毛泽东同志曾经看过，并曾在延安的一次干部会议上提到这本书是外国人报道中国革命的最成功的两部著作之一，对它作了肯定的评价。他说，《西行漫记》是一本真实地报道了我们情况，介绍了我们党的政策的书。这书后来被译成世界各主要国家的各种文字，在国际上广泛传诵，全世界人民从这里了解到中国革命、中国共产党和毛泽东同志为代表的革命路线的一些重要情况，促进了国际上反帝革命统一战线的发展。

斯诺不是一个马克思主义者，而是一个自由主义的美国新闻记者，可是，他是一个有正义感的新闻记者。他在几十年的新闻采访活动中，对于我们党和毛泽东同志所领导的中国革命运动采取了热情友好的态度。特别是通过采访陕北的革命根据地，他亲眼看到了革命根据地人民、军队的艰苦卓绝的斗争，看到了毛泽东同志和周恩来同志（当时朱德同志不在保安）的伟大形象、英明领导和战斗生活，看到了许多革命干部为祖国、为人民而奋斗、牺牲的实况，使他的思想有了很大的进步。当斯诺开始进入陕北革命根据地的时候，他还怕村里的农民"共他的产"，分掉他所带的财物，但是当他离开根据地的时候，他感觉好像"不是回家，而是离家"了。此后他积极地宣传毛泽东同志所领导的革命事业，在国际上产生了极大的影响。毛泽东同志后来提到斯诺说，他是在没有别人愿意来的时候到我们这里来，了解我们的情况，并通过提供事实帮助了我们。又提到他是头一个为统一战线所必需的、建立友好关系的工作铺路的人。他不仅是第一个广泛报道中国革命根据地和革命军队真实情况的外国记者，而且对推动中美人民友好，促成中美两国的对话起了良好的作用。由于他对中国的友好活动，50年代他曾经受到美国国内亲蒋介石的反动集团的多方打击，并曾经被迫离开美国迁居瑞士。他是1972年在瑞士去世的。他临终时遗愿把他的一半骨灰葬在中国，他的墓碑现在就矗立在他曾经执教过的燕京大学校园——现在的北大校园——的未名湖畔。毛泽东同志和周恩来同志生前都曾对斯诺作过多次积极评价。斯诺先生是中国人民的好朋友。

毛泽东同志1936年同斯诺这几篇谈话的整理出版，对于我国广大群众，一定会有重大的意义。这几篇谈话，由于我自己是当时的口译者，而现在又是当事人中的仅存者，我感到自己有巨大的责任加以整理。我建议人民出版社把《西行漫记》所收录的毛泽东同志谈话以及斯诺当时发表在英文刊物上的、毛泽东同志同他的其他3篇谈话，汇编成一本书出版。

毛泽东同志同斯诺谈话时我只做了简要记录供口译之用。当时在座的虽还有与斯诺同来苏区的马海德医生，但他只是在一边旁听，没有实际参加谈话；也没有其他人做速记或做记录，毛泽东同志是按照斯诺所提的问题，凭记忆而谈，没有写成成篇文字。斯诺按我的口译做了笔记。关于毛泽东同志个人革命经历部分，斯诺按照毛泽东同志的要求整理成文，由黄华同志译成中文，经毛泽东同志仔细审阅后做了少数修改，交黄华同志照改后退给斯诺。经过了40多年，很可惜，现在这些有关的文字记录都找不到了。我自己记的东西，经过战争年代多次转移，也已荡然无存。现在我们根据斯诺在《西行漫记》一书中和《密勒氏评论报》、《美亚》杂志上发表的英文记述照译过来，在可能范围内做了某些校订工作。

斯诺根据毛泽东同志的叙述撰写的《一个共产党员的经历》，在《西行漫记》前后几种英文版本里，好些地方文字有出入，显然是斯诺自己后来做了修改。我们一般是采用最早版本的记述，只是个别地方采用后来一些版本的文字。还有个别地方，按我的记忆确实不符合毛泽东同志谈话原来意思，不能不做必要的订正。斯诺当时是通过我的口译，才了解到毛泽东同志谈话的内容的，如果我作为当时的口译者对斯诺的个别记叙文字做些必要的修订，以便更准确地表达毛泽东同志的原意，那么我想，要是斯诺今天还在，是不会反对的吧！

在这几篇记述中，有些人名、时间、地名不准确。毛泽东同志当时在没有使用任何参考资料的情况下进行口述，又经过斯诺用外文记述，发生某些差错是难免的。现在，我们尽可能地做了校正，对于这些校正都一一加注说明。

《长征》这一节，斯诺并不是采取直接引述毛泽东同志的话的形式，我们现在也就只能照他的形式移译了。

《论反对日本帝国主义》、《论统一战线》和《中国共产党和世界事务》三篇谈话记录，都是根据斯诺的英文记述译出的，只有《论反对日本帝国主义》中的有几段话是按照《论持久战》所引用的文字。二者基本内容完全一致，只是文字繁简不同。

斯诺所加的脚注和正文中他所做的说明，其中有些是针对外国读者的需要而为中国读者不需要的，我们这里删去了。本书的脚注，除了注明是斯诺所做的以外，其余是我和共同做整理工作的同志们加上的。

在本书整理过程中，我们努力争取做到事实准确，文字清楚，但是由于我个人见识有限，力不从心；所以在1978年七八月，我们印了几百份征求意见本，分送中央领导同志、各方面负责同志求教。不久我们便收到了好些同志的回示，特别是邓颖超同志给予了亲切的鼓励，提供了许多宝贵的意见，军事科学院的同志提供了有关事实的订正意见。有好几位同志帮助我进行了仔细的事实查证、认真的文字校订。在这里，我虔诚地请求广大读者多多指出我们工作中所尚存留的这样、那样的缺点错误，以便在本书再版时进一步改正。

吴黎平

1979 年 8 月

一个共产党员的经历 *

一、童年时代

我交给毛泽东一大张关于他个人的问题表，要求他答复。我为自己这种打破砂锅问到底的做法感到不安。犹如一个日本移民官应为他的无礼感到不安而又不自觉那样。

关于我提出的涉及不同事项的五六组问题，毛谈了十几个晚上，但几乎没有提到他自己和他在所叙述的一些事

---

* 这篇以及下一篇关于红军长征经过的谈话，是在 1936 年 10 月间进行的，毛泽东同志就此同斯诺谈了十几个晚上。谈话通常从晚上 9 点多钟开始，未谈正文之前，毛泽东同志常谈一两个短故事（斯诺后来在写书的时候说他很遗憾没有把这些故事记下来）。谈到十一二点钟时，毛泽东同志招待他吃一顿便餐，有馒头和简单的菜，菜里有一点点肉，这在当时的困难条件下已是十分难得的了。对客人来说，这是夜宵。但对毛泽东同志来说，则是正常的晚饭。因为毛泽东同志为了指挥战争和领导全国革命工作的需要，往往在夜间工作直到凌晨才休息。毛泽东同志同斯诺谈话时，要我去作翻译。谈话时有正文，也插些故事、闲谈，毛泽东同志的态度是那么平易近人，谈话又是那样生动活泼，逸趣横生，久久不倦。斯诺常说这是他生平经历过的最可宝贵的谈话。谈话一般都谈到夜间两点来钟。谈话时斯诺做了详细笔记。斯诺在陕甘宁边区，进行了广泛的采访活动，并曾到过前方的部队，最后于 1936 年 11 月间离开边区。他返回北平后，以毛泽东同志的谈话为主干，利用采访所得的资料，写成了《西行漫记》（Red Star over China，直译是《中国上空的红星》）一书。

件中的作用。我开始感到：指望他为我提供这些细节是不可能的了；他显然认为个人是无关紧要的。他和我所遇见过的其他共产党人一样，往往只谈委员会、组织、军队、决议案、战斗、战术、"措施"等等，却很少谈到个人的经历。

有一段时间，我以为这种不愿详谈私事，甚至不愿详谈他的同志们的个人功绩，也许是出于谦虚，或者是对我有所顾忌或怀疑，或者是因为知道其中许多人头上悬有赏格的缘故。后来我才发现不是由于上述原因，而是因为他们中的大多数人实在不记得这些个人琐事。当我开始收集传记材料的时候，我屡次发现，一个共产党人是能够说出他的青少年时代所发生的一切的，但是一旦他成为红军的一员之后，他就把自己抛在一边了；如果你不重复地问他，就不会再听到关于他自己的事情，而只听到关于红军、苏维埃或党的故事。他们能够滔滔不绝地谈每次战斗的日期和情况，以及千百个他们来往经过但别人从未听说过的地名；但是这些事件对他们之所以有意义，似乎只是因为他们作为集体而不是作为个人在那里创造了历史，只是因为红军到过那里，而在红军后面，存在着一种意识形态的整个有机力量，他们就是在为这种意识形态而战斗。这是一个有趣的发现，但却使我的报道工作发生困难。

一天晚上，当我的其他问题都得到答复以后，毛就开始处理我标有"个人历史"这个题目的问题表。当他看到"你结过几次婚"这个问题的时候，笑了一笑——后来传出谣言说我问毛（至少他是主张一夫一妻制的）有几个老婆。不管怎样，他是怀疑有必要提供自传的。但是我争辩说，从某一方面来看，这比其他资料更为重要。我说："人们读了你所说的话，就想知道你是怎么样的一个人。再说，你也应该纠正流传的关于你的一些谣言。"

我提醒他外间关于他的死亡的各种传说，有些人以为他能说流利的法语，有些人却说他是一个无知的农民，又有消息说他是一个半死的肺结核病人，有的则坚持他是一个狂热分子。他对人们竟然会把时间花在对他进行种种猜测有点感到意外。他同意应该纠正这类传说。于是再一次审阅了我写下的那些问题。

最后他说："如果我不回答你的问题，而是把我的生平的梗概提供给你，你觉得怎么样？我认为这样会使人更容易理解些，而且最后一样回答了你的全部问题。"

在这以后的好几个晚上的谈话中，我们真像在密室谈话一样，蜷坐在那个窑洞里的一张铺着红布的桌子旁边，蜡烛在我们中间爆着火花，我记笔记直到困得要打盹了。吴黎平坐在我身旁，把毛的柔和的南方方言译成英语，在这种方言里，一只鸡的"鸡"字不是说成地道北方话的"ji"，而是变成带浪漫味道的"ghii"，"湖南"不是"Hunan"，而是"Funan"，一碗"茶"念成一碗"ts'a"，还有许多更奇怪的变音。毛是凭记忆叙述一切的，他一边说我一边记。我已经说过，这个笔记又被重译成中文并经改正。除了耐心的吴先生所做的必要的文字修改以外，我没有企图对它进行文学加工。下面就是原文。

"我1893年生于湖南省湘潭县韶山冲。我父亲的名字是毛顺生，我母亲出嫁前的名字是文七妹。

"我父亲是一个贫农，年轻的时候，因为负债过多而被迫当兵。他当了很多年的兵。后来，他回到我出生的村子，通过做小买卖和别的营生，用心节约，积下一点钱，买回了他自己的田地。

"这时我家成了中农，拥有15亩田地。这些田地每年可以收60担谷。一家5口，每年食用共35担——即每人7担左右——有25担剩余。利用这个剩余，我父亲又积蓄了一点钱，过了一段时间又买了7亩地，这就使我家具有'富农'①的地位了。我们当时每年可以收84担谷。

"我10岁时家中有15亩地，一家5口人，我父亲、母亲、祖父、弟弟和我。我家买了外加的7亩地后，我的祖父去世了，但是又添了一个弟弟。然而我们每年仍然有49担谷的剩余，依靠这剩余我父亲就不断地兴旺起来了。

"当我父亲还是一个中农的时候，他开始做贩运谷子

---

① 这里毛泽东说他父亲成份是富农，韶山的同志说解放后他们对毛泽东家的成份定为中农。我想这两种说法没有矛盾。问题是时间相隔四五十年，毛泽东家庭的经济情况变了。按毛泽东对斯诺所谈情况，他的父亲，可以说是富农成份，我清楚记得他说的是"富农"，我译为"Rich Peasant"。谈了之后，斯诺照此写成文字，黄华译成中文给毛泽东审查时，他也未改动。韶山的同志把毛泽东家里的成份定为中农，当然是根据临解放后的情况。

的买卖，从而赚了一些钱。他成为'富农'之后，就把他的大部分时间用在做这个买卖上。他雇了一个长工，并且让孩子们和妻子都到地里劳动。我6岁就开始干农活了。我父亲并没有开店，他只是从贫农们那里把粮食买下来，然后运到城里卖给商人，在那里他可以得到较高的价钱。在冬天碾米的时候，他便加雇一个短工在地里劳动。所以这个时候我家就有7口人吃饭了。我们家吃得很节省，不过总是够吃的。

"我8岁那年开始在本地一个小学里读书，一直在那里读到13岁。清早和晚上我在地里劳动。白天我读儒家的《论语》等四书。我的国文老师是一个对学生要求苛刻的人。他粗暴严厉，常常打学生。因为这个缘故，我10岁时曾经逃离学校。我不敢回家，怕挨打，便朝县城的大致方向走去，以为县城就在什么地方的山谷里。我流浪了3天，最后还是被我家的人找到。我这才知道我这次旅行只是在兜圈子，走了那么久，离我家大概才8里路。

"可是，我回到家里以后，想不到情况会有点改善。我父亲稍微比过去体谅些了，老师的态度也比较温和些了。我的抗议行动的效果，给了我深刻的印象。这是一次胜利的'罢课'呵。

"我刚识了几个字，我父亲就让我开始记家里的账。他要我学珠算。由于我父亲对这事很坚持，我就开始在晚间记账。他是一个严厉的监工，看不得我闲着，如果没有账可记，他就叫我去干农活。他是一个脾气暴躁的人，常常打我和我的弟弟。他一文钱也不给我们，而且给我们吃最次的饭菜。他对雇工们作了让步，每月逢十五在他们吃饭时给鸡蛋吃，可是从来不给肉吃。对于我，他既不给肉也不给蛋。

"我母亲是个仁慈的妇女，为人慷慨厚道，随时都愿意接济别人。她同情穷人，并且当他们在荒年里前来讨米的时候，常常送米给他们。但是，如果我父亲在场，她就不能这样做了。我父亲是不赞成施舍的。我家为了这事曾经多次发生争吵。

"我家分成两'党'。一个就是我父亲，是执政'党'。反对'党'由我、我母亲和弟弟组成。有时甚至于连雇工们也包括在内。可是在反对党的'统一战线'内部，存在着意见分歧。我母亲主张间接打击的政策。她批评了任何公开动感情和公开反抗执政'党'的企图，说这不是中国人的做法。①

"但我到了13岁的时候，发现了一个利用我父亲所引以为据的经书上面的话来同他进行辩论的好办法。我父亲喜欢责备我不孝和懒惰，我就引用经书里关于长者必须慈爱的话来回敬他。针对他指责我懒惰，我反驳说，年长的应该比年轻的干得更多，我父亲年纪比我大两倍多，所以应该多做工作。我还说：等我到他这样年纪的时候，我会比他勤快得多。

---

① 毛在他的解说里幽默地使用这些政治名词，一边追述这些事情，一边大笑。——斯诺注

"这个上了年纪的人继续'积聚财富',在这个小村子里被认为是发了大财。他自己不再买进土地,但却典进了很多别人的田地。他的资产增加到了两三千元。

"我的不满增加了。在我们家里,辩证的斗争不断地发展着。有一件事我记得特别清楚。在我大约13岁的时候,我父亲请了许多客人到家里;我们两人当着他们的面争论起来。父亲当众骂我懒而无用。这一下激怒了我。我回骂了他,接着就离家出走。我母亲追着我想劝我回去。父亲也追上来,边骂边命令我回去。我跑到一个池塘边,并且威胁说如果他再走近一步,我就要跳进水里。在这种情况下,停止内战的要求和反要求都提出来了。我父亲坚持要我道歉并磕头认错。我同意如果他答应不打我,我可以跪一只脚磕头。战争就这样结束了。我从这件事认识到,当我用公开反抗的办法来保卫自己的权利的时候,我父亲就软了下来;可是如果我保持温顺的态度,他只会更多地打骂我。

"回想起来,我认为我父亲的严厉态度到头来只是自招失败。我越来越恨他,我们建立了一条真正的统一战线来反对他。同时,这大概对我也有好处,它使我在工作上非常勤快,记账也仔细了,免得被他找到把柄来批评我。

"我父亲上过两年学,认识的字足够记账之用。我母亲却完全不识字。两人都是农民家庭出身。我是家里的'学者'。我读过经书,可是并不喜欢经书。我爱看的是中国古代的传奇小说,特别是其中关于造反的故事。我读过《岳传》、《水浒传》、《隋唐演义》、《三国演义》和《西游记》等。那是在我还很年轻的时候瞒着老师读的，老师憎恨这些禁书，并把它们说成是邪书。我经常在学校里读这些书，老师走过来的时候就用一本经书把它们盖住。大多数同学也都是这样做的。许多故事，我们几乎都可以背出来，而且反复讨论过许多次。关于这些故事，我们比村里的老人们知道得还要多些。他们也喜欢这些故事，而且经常和我们互相讲述。我认为这些书对我的影响大概很大，因为这些书是在易受感染的年龄里读的。

"我13岁时，终于离开了小学，开始在地里进行长时间的劳动，给雇工们当助手，白天干一个整劳力的活，晚上替我父亲记账。尽管这样，我还是能够继续学习，贪婪地阅读我能够找到的除了经书以外的一切书籍，这使我父亲很烦恼，他要我熟读经书，尤其是他在一次诉讼失败之后，更是这样了，当时他由于他的对手在法庭上引用了一句很合适的经书上的话而败诉。我经常在深夜把我的房间的窗户遮起，好让父亲看不见灯光。就这样我读了一本叫做《盛世危言》的书，我当时非常喜欢这本书。作者是老的改良主义学者，认为中国之所以弱，在于缺乏西洋的装备——铁路、电话、电报、轮船，所以想把这些东西引进中国。我父亲认为读这些书是浪费时间。他要我读一些像经书那样'有用的'东西，可以帮助他打赢官司。

"我继续读中国旧小说和故事。有一天我忽然想到，这些小说有个特别之处，就是里面没有种地的农民。人物都是勇士、官员或者文人学士，没有农民当主角。对于这件事，我纳闷了两年，后来我就分析小说的内容。我发现它们全都颂扬武士，颂扬人民的统治者，而这些人是不必种地的，因为他们拥有并控制土地，并且显然是迫使农民替他们耕作的。

"我父亲早年和中年都不信神，可是我母亲却是一个虔诚的佛教徒。她向自己的孩子们灌输宗教信仰，我们都曾因父亲不信佛而感到伤心。我9岁的时候，曾经同母亲认真地讨论过我父亲不信佛的问题。当时和以后，我们试过很多办法想让他信佛，可是没有成功。他只是咒骂我们，我们被他的攻击所压倒，只好退让，另想新的办法。但他总是不愿意信神。

"可是，我看的书逐渐对我产生影响，我自己也变得越来越怀疑神、佛了。我母亲开始为我感到忧虑，责备我对于敬神拜佛的仪式漠不关心，可是我父亲不表示意见；后来，有一天，他出门去收一些款子，路上遇见一只老虎。老虎突然遇见人，立刻逃跑了。然而对此更加感到惊异的却是我父亲。事后他对自己这个奇迹般的脱险思考得很多。他开始怀疑自己是不是冒犯了神明。从此，他对佛教比较尊重了，间或也烧些香。然而，当我变得越来越不信神的时候，老头儿也并不干涉。他只是在自己处境不顺当的时候，才祷告一番。

"《盛世危言》激起我恢复学业的愿望。同时，对地里的劳动也感到厌倦了。不消说，我父亲是反对这件事的。为此我们发生了口角，最后我从家里出走。我跑到一个失业的学法律的人家里，在那里读了半年书。此后我又跟一位老先生读了更多的经史之类的书，而且还读了许多当代的文章和几本新书。

"这时，湖南发生了一件事情，这件事影响了我的一生。在我读书的那个小学堂外边，我们学生看到许多豆商从长沙回来。我们问他们为什么都离开长沙。他们告诉我们城里发生的一个大暴动的情况。

"那年发生了严重的饥荒，在长沙有成千成万的人没有吃的。饥民派了一个代表团到抚台衙门请求救济。但抚台傲慢地回答他们说：'为什么你们没有吃的？城里有的是。我就从来没饿过。'当抚台回答的话传到人们耳朵里的时候，他们怒不可遏。他们举行了群众集会，并且组织了一次游行示威。他们攻打巡抚衙门，砍断了作为官厅标志的旗杆，赶走了抚台。在这以后，抚台衙门一个姓庄的特派大员骑了马出来，告诉人们说政府将采取步骤帮助他们。姓庄的这个许愿显然是有诚意的，可是皇帝不喜欢他，并且谴责他同'暴民'勾结，结果他被革职。来了一个新抚台，立即下令逮捕暴动的领袖，其中许多人被杀头，他们的头被挂在旗杆上示众，作为对今后的'暴民'的警告。①

---

① 这里说的 1910 年的长沙抢米风潮的具体情节和事实有些出入。饥民群众攻打巡抚衙门时，湖南巡抚岑春蓂为群众的势力吓倒把巡抚的职务交给了湖南布政使庄赓良。庄在未上台时表示同情群众，所以曾受到群众的欢迎，但是他在当上了代理巡抚后立即翻过脸来，严厉地镇压群众。群众风潮继续发展，清朝政府下令把岑、庄二人都撤职，另调官员担任湖南巡抚。

"这件事在我们学校里讨论了许多天，给我留下了深刻的印象。大多数学生都同情'叛乱分子'，但他们仅仅是从旁观者的立场看问题。他们并不明白这同他们自己的生活有什么关系。他们只是单纯地把它看作一件耸人听闻的事件而感到兴趣。我却从此把它记在心上。我觉得跟'暴民'在一起的也是些像我自己家里人那样的普通人，对于他们受到的冤屈，我深感不平。

"不久以后，韶山一个秘密会社哥老会的会员们同本地的一个地主发生了冲突。他到法院去控告他们。由于他是个有势力的地主，所以很容易地通过贿赂得到了一个对他有利的判决。哥老会的会员们败诉了。但是他们并不屈服，他们起来反抗地主和政府，并撤到本地一个叫做浏山的山里，在那里建立了堡寨。政府派军队去攻打他们。那个地主散布谣言说，哥老会打起反旗的时候，曾经杀了一个小孩祭旗。起义的领袖，是一个叫做彭铁匠的人。最后他们被镇压下去了，彭不得不逃亡。后来他终于被捕并被斩首；但是在学生们的心目中，他是一个英雄，因为大家都同情这次起义。

"第二年青黄不接的时候，我们乡发生了粮荒。穷人要求富裕的农户接济，他们开始了一个叫做'吃大户'的运动。我父亲是一个米商，尽管本乡缺粮，他仍然运出大量粮食到城里去。其中一批被穷苦的村民没收了。他怒不可遏。我并不同情他，但同时我又觉得村民们的方法是不对的。

"在这个时候，还有一件对我有影响的事，就是本地的一所小学来了一个'过激派'教师。说他'过激'，是因为他反对佛教，而且要消除鬼神。他劝人把庙宇改成学校。他是一个被人广泛议论的人物。我钦佩他，并且赞成他的意见。

"这些接连发生的事情，在我那早有反抗意识的年轻的头脑里，留下了不可磨灭的印象。也就在这个时期，我开始有了一定的政治觉悟，特别是在我读了一本关于瓜分中国的小册子以后。甚至现在我还记得这本小册子的开头一句：'呜呼，中国其将亡矣！'它叙述了日本占领台湾的经过，朝鲜、越南、缅甸等国被外国侵占的情况。我读了以后，对国家的前途感到沮丧。我开始认识到，国家兴亡，匹夫有责。

"我父亲决定送我到湘潭县一家同他有来往的米店里去当学徒。起先我并不反对，觉得这也许是有意思的事。可是差不多就在这个时候，我听说有一个与众不同的新式学校，于是决心不顾父亲的反对，到那里去上学。这个学校设在我母亲娘家所在的湘乡县。我的一个表兄就在那里上学，他告诉我有关这个新式学校的情况和'新法教育'带来的变化。那里不那么注重经书，西方的'新学'却教得比较多。教学方法也是相当'激进'的。

"我随表兄到那所学校去注了册。我说我是湘乡人，因为我以为这所学校是专门为湘乡人办的。后来我发现这所学校对谁都开放，就改用我的湘潭真籍贯了。我缴付 1400 铜板，作为 5 个月的膳宿费和学杂费。最后，我父亲也同意我进这个学校了，因为朋友们对他说道，这种'先进的'教育可以增加我赚钱的本领。这是我第一次离家出门达 50 里之远。那时我 16 岁。

"在这所新式学校里我能够学到自然科学和新的西方学科。另外一件值得一提的事是教师中有一个日本留学生，他戴着假辫子。很容易看出他的辫子是假的。人人都笑他，叫他'假洋鬼子'。

"我以前从来没见过那么多孩子们聚在一起。他们大多数是地主子弟，穿着讲究，极少农民供得起孩子上这样的学校。我比别人穿得差，只有一套像样的短衫裤。学生们不穿长袍，只有教师才穿，而洋服则只有'洋鬼子'才穿。很多阔学生看不起我，因为我平常总是穿一身破旧的衫裤。可是在他们当中也有我的朋友，特别有两个人是我的好同志。其中一个现在是作家，住在苏联。

"我被人讨厌，还因为我不是湘乡人。你是否原籍湘乡是非常重要的，你是从湘乡哪一乡来的也很重要。湘乡有上、中、下三里，上下两里人纯粹由于地域观念而斗争不休，彼此势不两立。我在这场斗争中采取中立的态度，因为我本来就不是湘乡人。结果三派都看不起我。我在精神上感到很大的压抑。

"我在这个学校很有进步。老师们都喜欢我，尤其是那些教经书的老师，因为我写得一手好古文。但是我对读经书不感兴趣。当时我正在读表兄送给我的两种书刊，讲的是康有为的维新运动。其中一本叫做《新民丛报》，是梁启超主编的。这些书刊我读了又读，直到可以背出来。那时我崇拜康有为和梁启超，也非常感谢我的表兄，我当时认为他是进步的。但是他后来变成了反革命，成为乡绅阶级的一分子，并且在1925到1927年的大革命中参加了反动派。

"许多学生因为假辫子而讨厌那个'假洋鬼子'，可是我喜欢听他谈日本的情况。他教音乐和英文。他教的歌曲中有一首是日本歌，叫做《黄海之战》，我还记得里面的一些迷人的歌词：

> 麻雀歌唱，
> 夜莺跳舞，
> 春天的绿色田野多可爱，
> 石榴花红，
> 杨柳叶绿，
> 展现一幅新画图。

"我当时知道并感到日本的美，并且从这首歌颂[1]日本战胜俄国的歌曲里感觉到一点她的骄傲和强大。我没有想到还有一个野蛮的日本——今天我们所认识的日本。

---

[1] 这首诗歌所描绘的显然是签订朴茨茅斯条约和俄日战争结束以后日本的春节和全国欢腾的情景。——斯诺注

"这就是我从'假洋鬼子'那里学到的一切了。

"我还记得就在这个时候我第一次听说光绪皇帝和慈禧太后都已死去——虽然新皇帝宣统（溥仪）已经登基两年了。说实在的，当时我还不是一个反对帝制的人，认为皇帝和大多数官吏都是诚实、善良和聪明的人。他们仅仅需要康有为帮助他们进行变革罢了。关于中国古代帝王尧、舜、秦皇、汉武的记载使我着迷，我读了许多有关他们的书。同时我也学了一些外国历史和地理。在一篇讲美国革命的文章里，我第一次听到美国这个国家，里面有这样的话：'经过8年苦战，华盛顿获得胜利，并建立了他的国家。'在一部叫做《世界英杰传》的书里，我也读到了拿破仑、俄国叶卡德琳娜女皇、彼得大帝、威灵顿、格拉斯顿、卢梭、孟德斯鸠和林肯。"

二、长沙时代

毛泽东接着说：

"我开始渴望到长沙去。长沙是一个大城市，湖南省的省会，离我家120里。听说这个城很大，有许许多多的人和不少学校，抚台衙门也在那里。总之，它是一个繁华的地方！当时我非常想到那里去，进入一所专为湘乡人办的中学。那年冬天，我请我的一位高小老师介绍我到那里去，老师同意了，于是我就步行到长沙去，当时心情非常激动，一半是担心自己遭到拒绝不能入学；我几乎不敢指望自己真能成为这所了不起的学校的一名学生。使我惊讶的是我居然没有遇到困难就入学了。但是政治事态正在急剧变化，我在那里仅仅呆了半年。

"在长沙，我有生以来第一次看到报纸——《民立报》，那是一个民族革命的报纸，刊载着广州反清起义和72烈士殉难的消息，这个起义是由一个名叫黄兴的湖南人领导的。我深为这个故事所感动，并且还发现《民立报》充满了激动人心的材料。这个报纸是于右任主编的，此人后来成为国民党的一个著名的头头。这个时候，我也听人谈到孙中山和同盟会的纲领。当时全国正处于第一次革命的前夜。我是如此地激动，以至于写了一篇文章贴在学校的墙上。这是我第一次发表政见，可是这个政见却有些糊涂。我还没有放弃我对康有为、梁启超的钦佩。我并不清楚孙中山和他们之间的区别。所以我在文章里鼓吹必须把孙中山从日本召回，担任新政府的总统，由康有为任国务总理，梁启超任外交部长！

"川汉铁路的修建引起了反对外国投资的运动。人民对立宪的要求日益广泛起来。面对这种形势，皇帝仅仅下诏设立一个资政院。在我的学校里，同学们越来越激动。他们用反对留辫子的行动来表达他们的反清情绪。我的一个朋友和我剪掉了我们的辫子，但是，别的相约剪辫子的人，后来却没有守约。于是我的朋友和我就对他们进行突然袭击，强行剪掉了他们的辫子，总共有十几条辫子，成了我们剪刀下的牺牲品。就这样，在一个很短的时间里，我从讥笑假洋鬼子的假辫子发展到要求全部取消辫子了。政治思想多么能够改变人的观点！

"在这个剪辫子的插曲上，我和一个法政学堂里的朋友发生了争论，我们各自就这个问题提出了相反的理论。这位法政学生引用经书来为他自己的论点找根据，认为身体发肤受之父母，不可毁伤。但是，我自己和反对留辫子的人，站在反清的政治立场上，提出一种相反的理论，驳得他哑口无言。

"以黎元洪为首的武昌起义发生后，湖南宣布了戒严令。政治局面迅速改观。有一天，一个革命党人得到校长的许可，到中学里来作了一次激动人心的演讲。会上有七八个学生站起来，以对清廷的强烈谴责来表示对演讲人的拥护，并且号召大家行动起来，建立民国。会上人人聚精会神地听他们讲话。当那个鼓吹革命的演说家——黎元洪属下的一个官员——向激动的学生演说时，会场里鸦雀无声。

"听了这次演讲以后四五天，我决心参加黎元洪的革命军。我决定同其他几位朋友一起到汉口去，我们从同班同学那里筹到了一些钱。听说汉口的街道很湿，必须穿雨鞋，我就到驻扎在城外的军队里的一个朋友那里去借雨鞋。我被驻军的卫兵拦住了。那个地方已经显得非常活跃。士兵们第一次领到子弹，正在涌上街头。

"起义军正沿着粤汉路逼近市区，战斗已经打响。在长沙城外打了一场大仗。同时，城里也发生暴动，各个城门都被工人攻占了。我穿过其中的一个城门，又回到城里。然后我就站在一个高地上观战，直到看见'汉旗'在衙门上升起。那是一面白色的旗子，上面写着'汉'字。我回到我的学校，发现它已经由军队守卫了。

"第二天成立了都督府，哥老会的两个著名成员焦达峰和陈作新被推举为都督和副都督。新政府设在前省咨议局的房子里，议长原是谭延闿，后来他被免职，省咨议局本身被撤销。在革命党人发现的清廷文件中，有几份请求召开国会的请愿书的副本。原件是由徐特立用血书写的，他现在是苏维埃政府的教育部长。当时他切断指尖，以表示至诚和决心。他的请愿书是这样开头的：'呼吁召开国会，予断指以送（赴京省代表）。'

"新都督和副都督在职不久。他们不是坏人，而且有点革命的愿望。他们很穷，代表被压迫者的利益。地主和商人都对他们不满。没有过几天，我去拜访一个朋友的时候，看见他们已经尸陈街头了。原来谭延闿组织了一次叛乱来反对他们，谭是湖南地主和军阀们的代表人物。

"这时，很多学生都参加了军队。一支学生军已经组织起来，在这些学生里有唐生智。我不喜欢学生军，我认为它的基础太混杂了。我决定参加正规军，为革命的成功尽力。当时清帝还没有退位，还要经过一个斗争的时期。

"我的军饷是每月7元——但是，这比我现在在红军里的收入要多。在这7元之中，我每月花2元在伙食上。我还得买水。士兵必须到城外去挑水，但我是一个学生，不屑去挑水，只好向挑水夫买。剩下的饷银，都花在报纸上，我成了一个好读报纸的人。当时鼓吹革命的报刊中有《湘江日报》，它经常讨论'社会主义'，我就是从这里第一次知道'社会主义'这个名词。我也同其他学生和士兵讨论社会主义，其实是社会改良主义。我读了一些江亢虎写的关于社会主义及其原理的小册子。我热情地写信给几个同班同学，讨论这个问题，可是只有一位同学回信表示赞同。

"在我那个班里，有一个湖南矿工和一个铁匠，我非常喜欢他们。其余的都是一些平庸的人，而且有一个是流氓。我劝两个学生参加了军队，我同排长和大多数士兵建立了友谊。我能写，有些书本知识，他们敬佩我的'博学'。我可以通过为他们写信或做其他这类事来帮助他们。

"革命仍未定局。清廷还没有完全放弃政权，国民党内部发生了有关领导权的斗争。在湖南，人们都说再次爆发战争是不可避免的。为了反对清廷和袁世凯，组织了几支军队，湖南军就是其中之一。可是，正当湖南人准备开始行动的时候，孙中山和袁世凯达成了协议，预定的战争取消了，南北'统一'，南京政府被解散。我以为革命已经过去，于是脱离军队，决定回去念书。我一共当了半年兵。

"我开始注意报纸上的广告。当时许多学校正在开办起来，它们利用报纸广告招徕新生。我并没有判断学校优劣的特定标准，也不明确自己究竟想干什么。一个警政学校的广告引起我的注意，于是去报名投考。但在考试以前，我看到一所制造肥皂的'学校'的广告，它不收学费，供给膳宿，还答应给些津贴。这是一则吸引人鼓舞人的广告。它说制造肥皂可以大大造福社会，富国利民。我改变了投考警校的念头，决定去做一个肥皂制造家。我在这里也交了1元钱报名费。

"这时候，我的一个朋友成了学法律的学生，他劝我进他们的学校。我也读了这所法政学堂的娓娓动听的广告。它许下很多美愿，答应在3年内教完全部法律课程，并且担保3年期满学生可以立即当官。我的那位朋友不断对我赞扬这个学校，一直到最后我写信给家里，重述了广告上所许诺的一切，要求给我寄学费来。我向他们描绘了我将来当法律学家和做官的美好图景。我向法政学堂交了1元报名费，等候父母的回信。

"命运又进行了一次干扰，这次是通过一个商业学校的广告。另一位朋友劝告我，说国家正处于经济战争中，当前最需要的人才是能够建设国家经济的经济学家。他的议论打动了我，我又花了1元钱向这个商业中学报名。我果真被录取了并且在那里注了册。可是与此同时，我还继续阅读广告。有一天我读到一个广告，介绍一所公立高级商业学校的优点。它是政府主办的，设有很多课程，而且我听说它的教员都是很有才能的人。我认为最好能在那里成为一个商业专家，就又付了 1 块钱报名，然后把我的决定写信告诉父亲。他很高兴。我父亲是很容易理解善于经商的好处的。我进了这个学校，但是只呆了 1 个月。

"我发现，这所新学校的麻烦之处，在于很多课程都用英语讲授。我和其他学生一样，只懂得一点点英语，说实在的，除了字母以外，几乎一无所知。另一个障碍是学校没有英语教师。这种情况使我不满，到了月底我就退学了，并且继续留心报上的广告。

"我的下一个求学经历是在省立第一中学。我花了 1 块钱报名，参加了入学考试，发榜时名列第一。这是一所很大的学校，有许多学生，毕业生更是难以计数。那里的一位国文教员对我帮助很大；我的文学爱好引起了他对我的注意。这位教员借给我一部《御批通鉴辑览》，里面有乾隆皇帝的谕旨和御批。

"大致就在这个时候，长沙的一个政府军火库发生爆炸，引起大火。我们学生却感到非常有趣。成吨的枪弹炮弹不断爆炸，火药燃烧成一片烈焰。这比放爆竹要好看得多了。过了一个月左右，谭延闿被袁世凯赶走，那时袁已控制了民国的政治机器。汤芗铭接替了谭延闿，并开始为袁筹备登基。

"我不喜欢第一中学。它的课程有限，校规也使人反感。我读了《御批通鉴辑览》以后，得出结论：不如独自看书学习。我入学 6 个月就退学了，订立了一个自修计划，每天到湖南省立图书馆去读书。我非常认真地坚持执行这个计划。我认为这样度过的半年时间，对我是极有价值的。每天早晨图书馆一开门我就进去。中午我仅仅休息片刻，买两块米糕吃。这就是我每天的午餐。我每天在图书馆里一直阅读到闭馆的时候。

"在这段自修期间，我读了很多书，学习了世界地理和世界历史。在图书馆里我第一次看到并以很大的兴趣学习了一幅世界地图。我读了亚当·斯密的《原富》，达尔文的《物种起源》和约翰·斯·密勒的一部关于伦理学的书。我读了卢梭的著作，斯宾塞的《逻辑》和孟德斯鸠写的一本关于法律的书。我在认真学习俄、美、英、法等国的历史地理的同时，也穿插阅读了诗歌、小说和古希腊的故事。

"我当时住在湘乡会馆里。很多士兵也住在那里，他们都是'退伍'或者被遣散的湘乡人。既没有工作，又没有什么钱。在会馆里，学生和士兵总是吵架。一天晚上，他们之间的这种敌对爆发成为武斗。士兵们袭击学生，并且企图杀死他们。我躲到厕所里去，一直呆到战斗结束以后才出来。

"那时候我没有钱。家里拒绝供给我，除非我进学校读书。由于我在会馆里不能再住下去了，我开始寻找新的住处。同时，我也在认真地考虑自己的'前途'，而且差不多已经决定自己最适合于教书。我又开始留意广告了。这时候湖南师范学校的一个动人的广告引起了我的注意，我读到它的好处时很感兴趣：不收学费，膳宿费低廉。我的两个朋友也鼓励我投考。他们需要我帮助他们准备入学考试的作文。我把我的意图写信告诉家里，取得了他们的同意。我替这两个朋友写了作文，也给自己写了一篇。3个人都被录取了——所以，我实际上是考取了3次。当时我并不觉得自己顶替朋友作文的行为是不道德的，只看作是事关友谊而已。

"我在师范学校当了5年学生，并且抵住了后来所有广告的引诱。最后，我居然得到了毕业文凭。我在这里——湖南省立第一师范——经历了不少事情。我的政治思想在这个时期开始形成。我最早的社会经验也是在这里取得的。

"这所新学校有许多规则，我只赞成其中的极少数。首先，我反对把自然科学列为必修课。我想专修社会科学，对自然科学并不特别感兴趣，也不去钻研，所以这些课程我多半得到的分数很低。我最讨厌的是静物写生这门必修课，认为它是极端无聊的。我总是想出最简单的东西来画，草草画完就离开课室。记得有一次我画了一条直线，上面加了一个半圆，来表现'半壁见海日'①的画意。还有一次，在图画考试中，我画了一个椭圆形就算了事，说这是蛋。结果图画课得了个40分，不及格。幸亏我的社会科学课程的分数都很高，这样就把其他课程的坏分数扯平了。

---

① "半壁见海日"是李白的一首名诗中的一句。——斯诺注

"学校里有一个国文老师，学生给他起了个'袁大胡子'的外号。他嘲笑我的文章，说它是新闻记者的手笔。他看不起我视为楷模的梁启超，认为他是一个半通不通的人。我不得不改变我的文风，去钻研韩愈的文章，学会了古文的措词。所以，多亏袁大胡子，今天我如果需要的话，仍然能够写出一篇过得去的古文。

"给我印象最深的老师是杨昌济，他是一位从英国回来的留学生，我后来同他的生活有密切的联系。他讲授伦理学，是一个唯心主义者——但是是一个道德高尚的人。他对自己的伦理学有强烈信仰，努力鼓励学生立志做一个公平正直、品德高尚和有益于社会的人。在他的影响下，我读了蔡元培翻译的一本伦理学的书而且在这本书的启发下写了一篇题为《心之力》的文章。我当时是一个唯心主义者，杨昌济老师从他的唯心主义观点出发，高度赞赏我那篇文章，给了我100分。

"一位姓唐^①的老师常常给我一些旧的《民报》看，我兴致勃勃地阅读这些报纸。从这些报纸里我知道了同盟会的活动和纲领。有一天我读到一份《民报》，上面刊载着两名中国学生旅游全国的故事，他们到达了西康^②的打箭炉。这件事给我很大的鼓舞。我想效法他们的榜样，可是我没有钱，我想我应当先试着在湖南旅行一番。

---

① 应姓汤，即汤增璧，当时任湖南省立第一师范国文教师。
② 旧省名，包括现在的四川省西部及西藏自治区东部地区。新中国成立后，于1955年撤销该省。

"第二年夏天，我开始在湖南徒步旅行，游历了5个县。一个名叫萧瑜的学生和我做伴，我们走过这5个县，没有花一个铜板。农民们既给我们吃的又给我们地方睡觉；所到之处，我们都受到很友善的欢迎和款待。和我一同旅行的萧瑜这个家伙，后来在南京当了易培基手下的一名国民党官吏。易培基当时是湖南师范的校长，以后成了南京的大官，他给萧瑜谋到北京故宫博物院监守的职位。萧瑜盗卖了博物院里一些最珍贵的文物，于1934年卷款潜逃。

"我感到自己心胸开阔，需要结交几个亲密朋友，于是有一天我就在长沙一家报纸上登了一个广告，邀请有志于爱国工作的青年同我联系。我指明要结交坚强刚毅、随时准备为国捐躯的青年。我从这个广告得到三个半人响应。一个是罗章龙，他后来参加了共产党，但是以后又转向了。另外两个青年后来变成极端反动的分子。那'半'个响应来自一个没有明确表态的青年，名叫李立三。李听了我要说的一切之后，没有提出任何明确建议就走了。我们之间从来没有发展到友谊。

"但是，我逐渐地在自己周围团结了一批学生，这批学生形成后来的一个学会①的核心，这个学会往后对中国的事情和命运产生了广泛的影响。他们人数不多，但都是思想上很认真的人，不屑于议论琐事。他们所做和所说的

---

① 新民学会。——斯诺注

每一件事，都有一个目的。他们没有时间谈情说爱，认为时局是如此危急，求知的需要是如此迫切，没有时间去谈论女人或私人问题。我对女人不感兴趣。我14岁的时候，父母给我娶了一个20岁的女子，可是我从来没有和她一起生活过——而且后来也一直没有。我不认为她是我的妻子，当时也几乎没有想到过她。在这种年龄的男青年的生活中，议论女性的姿色通常占有重要的位置，可是我的同伴不但不这样做，而且连日常生活中的普通事情也拒绝谈论。记得有一次我到一位青年的家里去，他对我说起要买些肉，而且当我的面把他的佣人叫来，同佣人谈买肉的事，然后吩咐他去买。我感到恼火，以后再也不同这个家伙见面了。我的朋友们和我只乐于谈论大事——人的性质，人类社会的性质，中国的性质，世界，宇宙！

"我们也成了热心的体育锻炼者。寒假里，我们徒步穿过田野，上山下山，绕行城墙，渡河过江。碰到下雨，我们就脱掉衬衫让雨淋，说这是雨浴。烈日当空，我们脱掉衬衫，说是日光浴。春风吹来的时候我们大声叫嚷，说这是一种叫做'风浴'的新体育项目。在已经下霜的日子里，我们露天睡觉，甚至于到11月份，我们还在寒冷的河水里游泳。这一切都是在'锻炼身体'的名义下进行的；这对于增强我的体质也许很有帮助，我后来在中国南方的多次往返行军，以及从江西到西北的长征路上，特别需要这样的体质。

"我同住在其他城镇的许多学生和朋友建立了广泛的

通信关系。我逐渐认识到有必要建立一个更严密的组织。1917 年，我和其他几位朋友一道，发起新民学会。学会有 70 到 80 名会员，其中许多人后来成了中国共产主义和中国革命史上的有名人物。参加过新民学会的较为知名的共产党人有：罗迈（李维汉），现任党中央的组织部长；夏曦，现在在第二方面军；何叔衡，原中央苏区的工农检察人民委员，后来被蒋介石杀害（1935 年）；郭亮，有名的工人运动组织者，1930 年被何键杀害；萧子暲（萧三），作家，现在在苏联；蔡和森，共产党中央委员会委员，1931 年[①] 被蒋介石杀害；易礼容，后来当过中央委员，以后又'转向'国民党，成了一个工会的组织者；萧铮（译音），一个著名的党的领导人，是在最初的建党协议上签名的 6 人之一，不久以前病逝。新民学会的大多数会员，都在 1927 年的反革命白色恐怖中被杀害了。

"大约就在这个时候，另一个同新民学会相似的团体组织起来了，那就是湖北的'互助社'[②]。它的许多社员后来也成为共产党员。其中有党的领导人恽代英，他在蒋介石发动的反革命中被杀害。现在负责白军工作的张浩也是社员。北平也有一个会社，叫做'辅社'，它的一些社员后来也成了共产党员。在中国其他地方，特别是上海、杭

---

① 原文误为 1927 年。

② 1917 年 10 月 8 日成立。原文提到林彪是"互助社"的社员，其实他并不是。

州、汉口、天津①，富有战斗精神的青年们也组织起一些激进的团体，那时他们已经开始对中国政治产生影响。

"这些团体的大多数，或多或少是在《新青年》影响之下建立的。《新青年》是有名的新文化运动的杂志，由陈独秀主编。我在师范学校上学的时候，就开始读这个杂志了。我当时非常佩服胡适和陈独秀的文章。有一段时期他们代替了梁启超和康有为，成为我的楷模。我早已抛弃康、梁二人了。

"在这个时候，我的思想是自由主义、民主改良主义、空想社会主义等观念的大杂烩。我对'19世纪的民主'、乌托邦主义和旧式的自由主义，抱有一些模糊的热情，但是我是明确地反对军阀和反对帝国主义的。

"我1913年②进入师范学校，1918年毕业。"

三、革命的序曲

在毛泽东追述往事的时候，我注意到，有一个旁听者至少和我同样感兴趣，这就是他的妻子贺子珍。很明显，他所谈的关于他自己和共产主义运动的许多事实是她以前从来没有听到过的；对毛在保安的大多数同志来说，也是

---

① 在天津的这种团体是"觉悟社"，它在组织激进青年的工作方面是领先的。周恩来是它的创始人之一。创始人中还有邓颖超女士等。——斯诺注
② 原文误为1912年。

这个情况。后来，当我向其他红色领导人收集传记材料的时候，他们的同事常常围拢来兴致勃勃地聆听这些第一次听到的故事。尽管他们已经在一起战斗了多年，他们往往不了解彼此在入党以前的情况，那些日子往往被看做一种黑暗时代，人们的真正的生命只是在入党以后才开始。

在另一个晚上，毛盘膝而坐，背靠在两个公文箱上。他点燃了一支香烟，接着头一天晚上中断的故事线索继续讲下去。

"我在长沙师范学校的几年，总共只花了 160 块钱——其中包括我的许多次报名费；在这笔钱里，大概有 1/3 花在报纸上，订阅费每月约 1 元。我还常常买报摊上的书籍和杂志。我父亲责骂我浪费。他说这是把钱挥霍在废纸上。可是我养成了读报的习惯，从 1911 年到 1927 年我上井冈山时为止，我从没有中断过阅读北京、上海和湖南的日报。

"我在学校的最后一年，母亲去世了①，这样我更没有回家的兴趣了。那年夏天，我决定到北京去。当时很多湖南学生打算用'勤工俭学'的办法到法国去留学。法国在世界大战中用这种办法招募中国青年为它工作。这些学生在出国前打算先去北京学法文。我协助组织了这个运动。在一批批出国的人里有许多湖南师范学校的学生，其中大

---

① 毛泽东的母亲是在 1919 年 10 月 5 日去世的。

多数后来成为著名的激进分子。徐特立也受到这个运动的影响，他放弃了湖南师范学校的教席到法国去，这时他已经40多岁了。可是直到1927年，他才成为一名共产党员。

"我陪同一些湖南学生去北京。虽然我协助组织了这个运动，而且新民学会也支持这个运动，但我并不想去欧洲。我觉得我对我自己的国家了解得还不够，把我的时间花在中国会更有益处。那些决定去法国的学生当时跟李石曾（现任中法大学校长）学习法文，我没有这样做。我另有计划。

"北京的生活费用对我来说太高了。我是借了朋友们的钱来到首都的，到了以后，非马上找工作不行。我从前在师范学校的伦理教师杨昌济当时是国立北京大学的教授。我请他帮我找工作，他把我介绍给北大图书馆的主任。这个人就是李大钊，他后来成为中国共产党的一位创始人，以后被张作霖杀害。李大钊让我担任图书馆的助理员，我每月可以领到一大笔钱——8块大洋。

"由于我的职位低下，人们都不愿同我来往。我的职责中有一项是登记来图书馆读报的人的姓名，可是他们大多数都不把我当人看待。在那些来看报的人当中，我认出了一些新文化运动的著名领导者的名字，如傅斯年、罗家伦等等，我对他们抱有强烈的兴趣。我曾经试图同他们交谈政治和文化问题，可是他们都是些大忙人，没有时间听一个图书馆助理员讲南方土话。

"但是我并不灰心。我参加了哲学会和新闻学会，为的是能够在北大旁听。在新闻学会里，我认识了一些同学，例如陈公博，他现在在南京做大官；谭平山，他后来参加了共产党，以后又变成所谓'第三党'的一员；还有邵飘萍。特别是邵，对我帮助很大。他是新闻学会的讲师，是一个自由主义者，一个具有热烈的理想和优良品质的人。1926年他被张作霖杀害。

"我在北大图书馆工作时，还遇见了现任苏维埃政府副主席的张国焘[①]、后来在加利福尼亚参加'三K'党(!!!——斯诺)的康白情和现任南京教育部次长的段锡朋。我在这里还遇见而且爱上了杨开慧。她是我以前的伦理教师杨昌济的女儿。在我的青年时代杨昌济给我留下了很深的印象，后来又在北京成为我的一位真挚的朋友。

"我对政治的兴趣越来越大，思想也越来越激进。我已经把这种情况的背景告诉你了。可是当时我的思想还是混乱的，用我们的话来说，我正在寻找出路。我读了一些关于无政府主义的小册子，很受影响。我常常和一个经常来看我的、名叫朱谦之的学生讨论无政府主义和它在中国的前景。当时，我赞同无政府主义的很多主张。

"我自己在北京的生活条件很差，可是在另一方面，古都的景色是鲜艳而又生动的，这对我是一个补偿。我住在一个叫做三眼井的地方，同另外7个人合住在一间小屋子里。当我们大家都挤在炕上睡觉时，挤得几乎透不过

---

① 张国焘1938年叛党、投靠蒋介石国民党。

气。每逢我要翻身，往往得先同两旁的人打招呼。但是，在公园里和故宫广场上，我却看到了北方的早春。当北海仍然结着冰的时候，我看到白梅花盛开。我看到北海的垂柳，枝头悬挂着晶莹的冰柱，因而想起唐朝诗人岑参咏雪后披上冬装的树木的诗句：'千树万树梨花开'。北京数不尽的树木引起了我的惊叹和赞美。

"1919年初，我和要去法国的学生一同前往上海。我只有到天津的车票，到天津后不知道怎么再往前走。可是，正如俗语所说的，'天无绝人之路'，很幸运，一位同学从北京孔德学校得到了一些钱，他借了10元给我，使我能够买一张到浦口的车票。在前往南京途中，我在曲阜停了一下，去看孔子的墓。我看到了孔子的弟子们濯足的那条小溪和孔子幼年所住的小镇。在有历史意义的孔庙附近的一棵有名的树，相传是孔子栽种的，我也看到了。我还在孔子的一个著名弟子颜回住过的河边停留了一下，并且看到了孟子的出生地。在这次旅行中，我还登上了山东的神岳泰山。后来冯玉祥曾在这里隐居，并且写了些爱国的对联。①

"可是我到达浦口的时候又不名一文了，而且没有车票。没有人可以借一点钱给我；我不知道怎样才能离开浦口。更糟糕的是我仅有的一双鞋又给贼偷去了。哎呀！

① 去上海的途中，在天津下车，到浦口又下车，还游览过孔子的故居和墓地，登过神岳泰山。这是记述1920年春毛泽东第二次由北京到上海的情景。

怎么办呢？可是'天无绝人之路'，我的运气不坏，在火车站外，我遇见了从湖南来的一个老朋友，他成了我的'救命菩萨'。他借钱给我买了一双鞋，还足够买一张到上海去的车票。就这样，我安全地完成了我的旅程——一路盯着我的新鞋。到了上海，我发现已经有人募集一大笔钱，协助把学生送到法国去，还提供了一笔钱帮助我回湖南。我送朋友们上轮船以后，就启程回长沙了。

"记得我第一次到北方去的旅途中还有过这些游历：

"我曾沿着洞庭湖作了徒步旅行。到保定时我沿着城墙走了一圈。在北海的冰上散步。《三国演义》里有名的徐州府城墙和历史上也享有盛名的南京城，我都徒步环行过一次。最后，我登上了泰山绝顶，又游览了孔墓。这些事情，我在当时看来，都是可以同我在湖南的经历和徒步旅行相比美的成就。

"我回到长沙以后，就更加直接地投身到政治中去了。五四运动以后，我把自己的大部分时间用在学生的政治活动上。我是湖南学生的报纸《湘江评论》的主编，该报对于华南的学生运动有很大的影响。我在长沙协助创办了文化书社，这是一个研究现代文化和政治趋势的组织。这个书社，特别是新民学会，强烈地反对当时的湖南督军张敬尧——一个坏蛋。我们领导了一次反对张敬尧的学生总罢课，要求撤换他，并且派代表团到北京和西南进行反张的宣传鼓动——当时孙中山正在西南进行活动。张敬尧以查禁《湘江评论》来报复学生们的反对。

"在这以后我又代表新民学会前往北京，并在那里组织反军阀的运动。新民学会把反对张敬尧的斗争扩大成为普遍反对军阀的宣传运动。为了推动这个工作我担任了一个通讯社社长①的职务。这个运动在湖南取得了一些成功。张敬尧被谭延闿推翻，在长沙成立了一个新政权。大致就在这个时候，新民学会开始分成两派——右派和左派，左派坚持深刻的社会、经济和政治变革纲领。

"1920年②我第二次前往上海。在那里我再次见到了陈独秀。我第一次同他见面是在北京。当时我在国立北京大学，他对我的影响也许比其他任何人的影响都大。当时还见过胡适，我去拜访他，想争取他支持湖南学生的斗争。我在上海，和陈独秀讨论了我们组织'改造湖南联盟'的计划。然后我回到长沙着手组织联盟。我在长沙得到一个教员的职位，同时继续我在新民学会的活动。当时新民学会有一个争取湖南'独立'的纲领，所谓独立，实际上是指自治。我们的团体对于北洋政府感到厌恶。认为湖南如果和北京脱离关系，就可以更加迅速地实行现代化，所以鼓动同北京分离。当时我是美国的'门罗主义'和'门户开放'的坚决拥护者。

"谭延闿被一个叫做赵恒惕的军阀赶出湖南，赵利用

---

① 1919年12月22日，为揭露张敬尧的罪恶和宣传驱张运动，毛泽东同张百龄、罗宗翰等组织平民通信社，毛泽东任社长。每日发稿分送京、津、沪、汉各报，将张敬尧祸湘的罪恶及各地驱张运动的消息，加以传布。
② 原文误为1919年。

'湖南独立'运动来达到他自己的目的。他假装拥护这个运动，鼓吹中国联省自治。可是他一旦掌权，就立即大力镇压民主运动。我们的团体曾经要求实行男女平等和建立代议制政府，并且一般地赞成一个资产阶级民主的政纲。我们在自己办的报纸《新湖南》上公开鼓吹进行这些改革。我们领导了一次对省议会的冲击，因为大多数议员都是军阀指派的地主豪绅。这次斗争的结果，我们把省议会里张挂的无聊的和吹牛的对联、匾额都扯了下来。

"冲击省议会这件事被认为是湖南的一件大事，吓慌了统治者们。但是，赵恒惕篡夺控制权以后，背叛了他支持过的一切主张，特别是他凶暴地压制一切民主要求。因此，我们的学会就把斗争矛头转向了他。我还记得1920年的一个插曲，那年新民学会组织了一次示威游行，庆祝俄国十月革命3周年。这次示威游行遭到警察镇压。有些示威者试图在会场上升起红旗，但是遭到警察的禁止。示威者们当即指出，根据（当时的）宪法第12条，人民有集会、结社和言论自由的权利，警察不听，并且回答说，他们不是来听宪法课，而是来执行省长赵恒惕的命令的。在这以后，我越来越相信只有通过群众的行动确立起来的群众政治权利，才能保证有力的改革的实现。

"1920年冬天，我第一次从政治上把工人们组织了起来，在这项工作中马克思主义理论和俄国革命史的影响开始对我起指导作用。我第二次到北京期间，读了许多关于俄国所发生的事情的文章。我热切地搜寻当时所能找到的极少数共产主义文献的中文本。有3本书特别深刻地铭记在我的心中，使我树立起对马克思主义的信仰。我接受马克思主义、认为它是对历史的正确解释，以后，就一直没有动摇过。这3本书是：陈望道译的《共产党宣言》，这是用中文出版的第一本马克思主义的书，考茨基著的《阶级斗争》，以及柯卡普著的《社会主义史》。到了1920年夏天，我已经在理论上和在某种程度的行动上，成为一个马克思主义者，而且从此我也自认为是一个马克思主义者了。同年，我和杨开慧结了婚。"

四、国民革命时期

毛泽东这时候是一个马克思主义者，但还不是一个共产党员——这是因为当时中国还没有共产党的组织。早在1919年，陈独秀就通过住在北京的俄国人和共产国际建立了联系。1920年，第三国际的代表维金斯基到上海来，安排同中国的共产主义组织建立联系。不久以后，陈独秀在上海召集了一个会议，几乎与此同时一群中国学生在巴黎开会，建议在那里成立一个共产党的组织。

如果我们没有忘掉在1937年中国共产党还是一个16岁的青少年，那么它的成就实在不能算小了。除了俄国以外，它是世界上最强大的共产党；而且也是除了俄国以外，唯一能够以拥有一支自己的军队而自豪的共产党。

另一个晚上，毛泽东继续往下说：

"1921年5月①，我到上海去出席共产党成立大会。在这个大会的组织工作中，起领导作用的是陈独秀和李大钊，这两人都是当时中国知识界最出色的领导人。我在李大钊手下担任国立北京大学图书馆助理员的时候，曾经迅速地朝着马克思主义的方向发展。我在这方面发生兴趣，陈独秀也有帮助。我第二次到上海去的时候，曾经和陈独秀讨论我读过的马克思主义书籍。在我一生中可能是关键性的这个时期，陈独秀表明自己信仰的那些话给我留下了深刻的印象。

"在上海这次具有历史意义的会议（党的第一次全国代表大会）上，除了我以外，只有一个湖南人②。其他出席会议的人有张国焘、包惠僧和周佛海等③。我们总共是12个人。当年10月，共产党的第一个省委在湖南组织起来了。我是委员之一。接着其他省市也建立了党组织。在上海的党中央机构工作过的有：陈独秀、张国焘、陈公博、施存统、沈玄庐、李汉俊（1927年在武汉被杀）、李达和李启汉。在湖北的党员有董必武（现任保安党校校

---

① 据查是阴历，阳历应是6月。

② 何叔衡，毛泽东的老朋友，和他一起创办了新民学会，1935年被国民党杀害。——斯诺注

③ 出席中国共产党第一次全国代表大会的代表还有：董必武、陈潭秋、李达、李汉俊、刘仁静、王尽美、邓恩铭、陈公博，一共13人。但据董必武、李达的回忆，包惠僧不是作为正式代表参加会议的。

长）、许白昊、施洋。在陕西的党员有高岗和一些著名的学生领袖。在北京是李大钊、邓中夏、张国焘、罗章龙、刘仁静（现为托洛茨基派）和其他一些人。在广州是林伯渠，现任苏维埃政府财政部长和彭湃（1929年被杀害）。山东省委的创始人中有王尽美和邓恩铭。

"同时在法国，许多勤工俭学的人也成立了中国共产党组织，它几乎是同中国国内的组织同时建立起来的。那里的党的创始人中有周恩来、李立三和蔡和森的妻子向警予。罗迈（李维汉）和蔡和森也是法国支部的创始人。在德国也组织了中国共产党支部，只是时间稍后一些；其成员有高语罕、朱德（现任红军总司令）和张申府（现任清华大学教授）。在莫斯科，支部的创始人有瞿秋白等。在日本是周佛海。

"到1922年5月，湖南省委——我当时是书记——已经在矿工、铁路工人、市政职工、印刷工人和政府造币厂工人中组织了20多个工会。那年冬天，开展了蓬蓬勃勃的工人运动。当时共产党的工作主要集中在学生和工人身上，在农民中间则做得非常少。大部分大矿的工人已经组织起来，学生也几乎全部组织了起来。在学生战线和工人战线上，斗争极其频繁。1922年冬天[①]，湖南省长赵恒惕下令处决两个湖南工人——黄爱和庞人铨，结果引起了广泛的反对赵恒惕的宣传运动。被杀死的两个工人之一黄

---

① 应是1922年1月。

爱，是右翼工人运动的一个首领，这个工人运动以工业学校学生为基础，而且是反对我们的。可是，在这次事件以及其他许多斗争中，我们都支持了他们。无政府主义者在工会中也很有势力，这些工会当时已经组织成为湖南全省劳工会。但是我们同无政府主义者达成了妥协，并且通过协商，阻止了他们许多轻率和无益的行动。

"我被派到上海去帮助组织反对赵恒惕的运动。那年（1922年）7月 ①，第二次党代表大会在上海召开，我本想参加，可是忘记了开会的地点，又找不到任何同志，结果错过了这次大会。我回到湖南后，大力推动工会的工作。第二年春天，湖南发生多次罢工，要求增加工资，改善待遇和承认工会。大部分罢工都是成功的。5月1日湖南举行了总罢工，这标志着中国工人运动的力量已空前壮大。

"1923年，共产党第三次全国代表大会在广州举行，大会作出了有历史意义的决定：参加国民党，国共合作，建立反对北洋军阀的统一战线。我到了上海，在党中央委员会工作。第二年（1924年）春天，我前往广州出席国民党第一次全国代表大会。3月，我回到上海，在共产党中央执行局工作的同时，兼任上海国民党执行局的委员，国民党执行局的其他委员有汪精卫（以后在南京当行政院长）和胡汉民。我和他们共事，协调共产党和国民党的行动。那年夏天，黄埔军官学校成立，加伦担任该校顾问，其他

---

① 原文误为冬天。

苏联顾问也从俄国来到。国共合作开始具有全国性革命运动的规模。那年冬天我回到湖南去休养——我在上海生了病。但在湖南期间，我组织了本省伟大的农民运动的核心。

"以前我没有充分认识农村里阶级斗争的程度，但是，在1925年'五卅'惨案以后，以及在继之而起的政治运动的巨浪中，湖南农民变得非常有战斗性。我离开了我在休养的家，发动了一个把农村组织起来的运动。在几个月之内，我们就组织了20多个农民协会，这激起了地主的愤怒。他们要求把我抓起来。赵恒惕派军队来逮捕我，于是我逃到广州。我到达那里的时候，正逢黄埔学生打败了滇系军阀杨希闵和桂系军阀刘震寰。广州市和国民党内部充满了乐观的气氛。孙中山在北京逝世之后，蒋介石被任命为第一军总司令，汪精卫任国民政府主席。

"我担任了《政治周报》的编辑，这是国民党宣传部(部长是汪精卫)出版的一个刊物。后来它在抨击和揭露以戴季陶为首的国民党右翼时，起了非常积极的作用。我还负责训练农运组织者，为此目的，开办了一个讲习所，参加学习的有来自21个不同省份的代表，包括从内蒙来的学生。我到广州后不久，便担任国民党宣传部长和中央候补委员。① 林伯渠当时是国民党农民部长，另一个共产

---

① 1924年1月毛泽东出席了孙中山先生在广州召开的有共产党人参加的国民党第一次全国代表大会，并被选为国民党中央执行委员会候补委员。1925年10月毛泽东到广州担任国民党中央宣传部代理部长。

党员谭平山是组织部长。①

"我的文章写得越来越多，同时我在共产党内对农民工作担负特殊责任。根据我的研究和我组织湖南农民的经验，我写了两本小册子，一本是《中国社会各阶级的分析》，另一本是《赵恒惕的阶级基础和我们当前的任务》。陈独秀反对第一本小册子所表示的意见，这个小册子主张实行激进的土地政策和在共产党的领导下大力组织农民。陈独秀拒绝在党中央的报刊上发表它。后来它在广州的《中国农民》和在《中国青年》杂志上刊出了。第二篇论文在湖南出了小册子。大致在这个时候，我开始对陈独秀的右倾机会主义路线政策持不同意见。我们逐渐地分道扬镳了，但是我们之间的斗争一直要到1927年才达到顶点。

"我继续在广州国民党内工作，差不多一直工作到1926年3月蒋介石图谋在那里发动他的第一次政变的时候。在国民党左右两派和解，国共合作得到重申以后，我于1926年春天前往上海。同年5月国民党第二届中央执行委员会第二次会议②在蒋介石主持下召开。我在上海主持共产党农民部的工作，接着被派到湖南去担任农民运动的视察员。这个时候，在国共两党结成统一战线的情况下，具有历史意义的北伐战争在1926年秋天开始了。③

"我在湖南视察了长沙、醴陵、湘潭、衡山、湘乡5

---

① 原文误为工人部长。

② 原文误为国民党第二次全国代表大会。

③ 1926年7月9日，国民革命军在广州誓师北伐。此时正值夏季。

个县的农民组织和政治情况，并向中央委员会提出了报告，主张在农民运动中采取一条新的路线。第二年春初我到达武汉时，一个省际的农民联席会议正在举行。我出席了这个会议并在会上讨论了我的文章所提出的建议——广泛地重分土地。出席会议的还有彭湃、方志敏等人和约克、沃伦两个俄国共产党员，会议通过了决议，采纳我的主张，并提交共产党第五次全国代表大会审议。但是，中央委员会把它否决了。

"1927年四五月间党的第五次全国代表大会在武汉召开时，党仍然在陈独秀操纵之下。尽管蒋介石已经发动了反革命政变，并且开始在上海和南京袭击共产党，陈独秀却依旧主张对武汉的国民党妥协退让。他压制所有的反对意见，奉行右倾机会主义的小资产阶级政策。对于当时党的政策，特别是有关农民运动的政策，我非常不满意。我今天认为，如果当时更彻底地把农民运动组织和武装起来，开展对地主的阶级斗争，那么，苏维埃就会更早并更有力地在全国发展起来。

"但是，陈独秀强烈反对。他不懂得农民在革命中的作用，而且大大低估了当时农民在革命中发挥作用的可能性。结果，在大革命危机前夜举行的第五次全国代表大会，没有通过一个恰当的土地纲领。对我要求迅速加强土地斗争的意见，甚至没有进行讨论。这是由于当时也在陈独秀操纵之下的中央委员会，拒绝把我的意见提交大会审议。大会给地主下了个定义，说'占有500亩以上土地'

的人，才是地主，于是就不再考虑土地问题了。以这个定义为基础来开展阶级斗争，是完全不够和不切实际的，而且它完全没有考虑到中国农村经济的特殊性。然而，大会以后，全国农民协会组织起来了，我是负责人。

"到了1927年春天，尽管共产党对农民运动采取不冷不热的态度，而国民党则感到明显的惊慌，湖北、江西、福建，特别是湖南的农民运动表现出一种惊人的战斗精神。高级的官员和军官开始要求镇压农运，他们把农会称作'痞子会'，认为农会的行动和要求都过火了。陈独秀已经把我撤出湖南，他激烈地反对我的意见，要我对那里发生的一些事情负责。

"4月间，反革命运动已经在南京和上海开始，在蒋介石指使下发生了对有组织的工人的大屠杀。在广州也采取了同样的措施。5月21日，湖南发生了许克祥的叛乱。许多农民和工人被反动派杀害。不久以后，在武汉的国民党'左派'废除了它和共产党的协议，并把共产党员从国民党和政府中'开除'出去，而这个政府本身很快也就不存在了。

"许多共产党领导人这时得到党的命令，要他们离开中国，到俄国或者到上海和其他较安全的地方去。我奉命前往四川，但我说服陈独秀改派我到湖南去担任省委书记。10天以后，他又命令我立刻回去，指责我组织暴动反对当时在武汉掌兵权的唐生智。这时，党的工作处于混乱状态。几乎人人都反对陈独秀的领导和他的机会主义路线。不久武汉的国共合作瓦解，陈独秀也就垮台了。"

五、苏维埃运动

毛泽东有一次同我谈话的内容是关于 1927 年春天发生的,引起人们很多争论的那些事件。我觉得在这里是值得一提的。这不是他同我谈的自传的一部分,但是,这些事件是每一个中国共产党人一生经历中的一个转折点,因此,把这次谈话作为他个人的看法在这里提一下,是有重要意义的。

我问毛,在他看来,谁应该对 1927 年共产党的失败、武汉联合政府的失败以及南京独裁政权的整个胜利负最大的责任。毛认为陈独秀应该负最大的责任,陈的"动摇的机会主义,在那继续妥协明显地意味着灾难临头的时刻,使党丧失果断的领导和它自己的独立路线"。

第二个对失败应负主要责任的是俄国首席政治顾问鲍罗廷。毛说鲍罗廷完全改变了他自己的立场,他在 1926 年是赞成激进的重行分配土地的政策的,可是到了 1927 年却又竭力反对,而且对自己的摇摆没有提供任何合乎逻辑的根据。"鲍罗廷站在陈独秀右边一点点,"毛说。"他愿意竭尽全力讨好资产阶级,甚至准备解除工人的武装,而且最后他也下令这样做了。"共产国际的代表印度人罗易,"站在陈独秀和鲍罗廷两人的左边一点点,可是他只是站着而已"。据毛说,他"能说会道,而且说得太多,却提不出任何实现的办法"。毛认为,在客观上,罗易是个蠢才，鲍罗廷是个冒失鬼，陈独秀则是一名不自觉的叛徒。"陈独秀的确害怕工人，特别害怕武装起来的农民。当武装暴动的现实终于摆在他面前的时候，他完全失掉了他的理智。再也看不清楚事情将怎样发展。他的小资产阶级的本性使他陷于惊慌和失败。"

当时陈独秀是中国共产党的大独裁者，他甚至不同中央委员会商量就作出重大的决定。"他不把共产国际的命令给党的其他领导人看，甚至于也不同我们讨论这些命令。"但是，到头来还是罗易迫使共产党同国民党分裂。共产国际发给鲍罗廷一个文件，指示党开始没收地主的土地。罗易拿到了一个副本，马上拿给汪精卫看。汪精卫当时是国民党左派武汉政府的主席。这种轻率做法的结果大家都知道。武汉政权把共产党人从国民党中驱逐出去，从而促使它自己的力量崩溃；其后不久它自己也被蒋介石摧毁了。

看来共产国际在 1927 年并不是向中国共产党提出"忠告"，而是干脆下命令。显然，中国党甚至无权拒绝这些命令。当然，武汉的惨败成了俄国国内围绕世界革命性质问题的争论的中心。也就是紧接着这个时期，俄国国内的反对派被粉碎了，托洛茨基的"不断革命"论被批倒，苏联开始认真地"在一个国家里建立社会主义"——从这一点出发，苏联取得了世界和平堡垒的地位。

可是毛认为即使当时共产党采取了更为大胆的政策，并且在和国民党分裂以前已经从工人和农民中创建了党的军队，反革命也不会在 1927 年被打败。"但苏维埃一开始就可以在南方大事发展，并且获得一个根据地，使那里的苏维埃以后再也不会被消灭掉。……"

毛在他的自述里，现在已经谈到苏维埃的开端。苏维埃是在革命的废墟上建立起来的，甚至于还要赤手空拳地从失败中斗出新的胜利来。他接着说：

"1927 年 8 月 1 日，贺龙率领二十军和叶挺率领的十一军二十四师①同朱德合作，领导了具有历史意义的南昌起义②，红军的前身就这样组织起来了。一星期以后，即 8 月 7 日，党中央委员会举行了紧急会议，撤销了陈独秀的总书记职务。自从 1923 年③广州第三次全国代表大会以来，我就是党的中央委员，我积极参加作出这个决定。出席会议的其他 10 位委员中有蔡和森、彭公达和瞿秋白。党采取了一条新的路线，放弃同国民党合作的一切希望，因为国民党已经不可救药地成了帝国主义的工具，不能实行民主革命的任务了。夺取政权的长期和公开的斗争现在开始了。

"我被派到长沙去组织后来被称为'秋收起义'的运动。我在那里的纲领，要求实现下列五点：（一）省的党组织同国民党完全脱离关系；（二）组织工农革命军；（三）

---

① 原文误为贺龙和叶挺率领的二十军。
② 周恩来是"八一"南昌起义的主要领导者，当时他是前敌委员会书记。
③ 原文误为 1924 年。

没收大地主以及中、小地主的财产；（四）在湖南建立独立于国民党的共产党力量；（五）组织苏维埃。第五点当时受到共产国际的反对，一直到后来它才把这一点作为一个口号提出来。

"9月间，我们通过湖南的农会成功地组织了一次广泛的起义，工农红军的最早的部队建立起来了。新战士有3个主要来源：农民本身，汉冶萍矿工，起义的国民党部队。这支早期的革命军事力量被称为'工农革命军第一军第一师'。第一团来自反叛了汪精卫的一部分武汉警备部队。第二团由汉冶萍矿工等组成。第三团由浏阳等县的农民武装组成。① 这支军队经湖南省委批准建立，但湖南省委和我军的总纲领，却为党中央委员会所反对，不过它似乎只是采取观望的政策，而不是积极反对的政策。

"当我正在组织军队、奔走于汉冶萍矿工和农民武装之间的时候，我被一些国民党勾结的民团抓到了。那时候，国民党的恐怖达到顶点，数以百计的共产党嫌疑分子被枪毙。那些民团奉命把我押到民团总部去处死。我从一个同志那里借了几十块钱，打算贿赂押送的人释放我。普通的士兵都是雇佣兵，枪毙我对他们并没有特别的好处，他们同意释放我，可是负责的队长却不允许。因此我决定设法逃跑。但是，直到离民团总部大约不到200米的地方，我才找到机会。我一下子挣脱出来，往田

---

① 原文将一团误为三团、二团误为一团、三团误为二团。

野里跑。

"我跑到一个高地，下面是一个水塘，周围长了很高的草，我在那里躲到日落。士兵们在追踪我，还强迫一些农民帮助他们搜寻。有好多次他们走得很近，有一两次我几乎可以用手接触到他们。尽管有五六次我已经放弃任何希望，认为自己一定会再次被抓住，可是不知怎么地我没有被他们发现。最后，天近黄昏了，他们放弃了搜寻。我马上翻山越岭，彻夜赶路。我没有穿鞋，脚底擦伤得很厉害。路上我遇到一个友善的农民，他给我住处，后来又带领我到了邻县。我身边有7块钱，用这钱买了一双鞋、一把伞和一些食物。当我最后安全到达农民武装那里的时候，我的口袋里只剩下两个铜板了。

"新部队成立以后，我担任党的前敌委员会书记，原武汉警备部队的一个指挥官余洒度，任第一师师长 ①。余多少是由于部下的压力而被迫就任的；不久他就叛逃到国民党那里去了。现在他在南京为蒋介石工作。 ②

"这支领导农民起义的小队伍，穿过湖南向南转移。它不得不突破成千上万的国民党部队，进行多次战斗，遭受很多挫折。当时部队的纪律很差，政治水平很低，指战员中有许多动摇分子，开小差的很多。余洒度逃跑以后，部队在到达宁冈时进行了改编。陈浩被任命为残余部队的

---

① 原文误为第一军军长。

② 余洒度投靠蒋介石后，成为国民党特务组织复兴社骨干成员。1934 年，余洒度被人检举走私和贩卖吗啡，被逮捕到南昌，由蒋介石下令枪毙。

指挥官，约有一团人；后来他也叛变了。但是，在这支最早的部队中，有许多人始终忠心耿耿，直到今天还在红军中，例如罗荣桓，第一军团政委；杨立三，现在是一个军的司令员。这支小队伍最后上井冈山的时候，人数总共只有1000左右。

"由于秋收起义的纲领没有得到中央批准，又由于第一师遭受了一些严重损失，而且从城市的观点来看，这个运动似乎是注定要失败的，因此中央委员会这时就明确地指责我。我被撤销政治局和前委的职务。湖南省委也攻击我们，说我们是'枪杆子运动'。尽管这样，我们在井冈山还是把军队团结起来了，深信我们执行的路线是正确的。后来的事实充分地证明了这一点。部队补充了新兵，这个师的人员又充实了，我成了师长。

"从1927年冬天到1928年秋天，第一师守住了井冈山的根据地。1927年11月第一个苏维埃在湖南边界的茶陵县成立，选出了第一个苏维埃政府，它的主席是谭震林。在这个苏区以及后来的苏区，我们在缓慢然而不断发展的基础上，推行了一种民主的纲领和稳妥的政策。这样一来，井冈山就遭到党内盲动主义者的斥责，他们要求对地主实行抢、烧、杀的恐怖政策，来使他们丧胆。第一师前敌委员会拒绝采用这种政策，所以被头脑发热的人污蔑为'改良主义者'。我因为没有实行更加'激进的'政策，遭到他们的猛烈攻击。

"1927年冬天，以前在井冈山附近当地方武装首领的王佐和袁文才参加了红军。这使红军的实力增加到将近3团人。王、袁都被任命为团长，我是师长。这两个人虽然过去当过土匪，可是率领队伍投身于革命，准备向反动派作战。我在井冈山期间，他们是忠实的共产党人，是执行党的命令的。

"1928年4月①，朱德来到井冈山，我们的队伍汇合了。我们一同制订了一个计划，要建立一个包括6个县的苏区，逐步地稳定并巩固湘赣粤边区的工农政权，并以此为根据地，向更广大的地区扩展。这个战略同党组织的建议相反，它幻想得到迅速的发展。在军队内部，朱德和我不得不同两种倾向作斗争：第一种是要立即进攻长沙，我们认为这是冒险主义；第二种是要向南撤退到广东境内，我们认为这是'退却逃跑主义'。我们当时认为，我们的主要任务有二：分田地和建立苏维埃政权。我们要武装群众来加速这一进程。当时我们的政策主张：自由买卖（同白区），优待被俘敌军，以及总的说是温和的民主改革。

"1928年5月②，在井冈山召开了一个代表大会，出席的有井冈山以北的苏区的代表。在苏区的党员中，对于上述各点仍然有一些意见分歧。在这次会议上，各种不同的意见都充分地发表出来。少数人认为在上述政策的基础

---

① 原文误为5月。
② 原文误为秋天。

上我们的前途将大受限制，但是大多数人对这个政策抱有信心，因此当宣告苏维埃运动将获得胜利的决议案提交表决时，很容易地就通过了。但是，党中央委员会还没有批准这个运动。直到1928年冬天，在莫斯科举行的第六次中国共产党代表大会的消息传到井冈山的时候，才得到了批准。

"六次代表大会所采取的新路线，朱德和我是完全同意的。从那时起，党的领导人和农村地区苏维埃运动的领导人之间的分歧消除了，重行建立了党的一致。

"六大的决议总结了1925年到1927年的革命和南昌起义、广州起义、秋收起义的经验，并且作出赞成重视土地运动的结论。大约就在这个时候，红军开始在中国其他地方出现。1927年冬天，湖北西部和东部发生了起义，为建立新苏区打下了基础。在西面的贺龙和在东面的徐海东，开始建立自己的工农军队。徐海东活动的地区成了鄂、豫、皖苏区的核心，后来徐向前、张国焘等人都到那里去了。1927年冬天，方志敏和邵式平在邻近福建的江西东北部边境，也开展了一个运动，后来发展成为坚强的苏维埃根据地。南昌起义失败后①，彭湃率领一部分忠诚的部队到海陆丰，在那里成立了一个苏维埃，由于它执行了盲动主义的政策，很快就被摧毁了。它的一部分军队在古大存指挥下离开那个地区，同朱德和我取得了联系，后

---

① 原文误为广州起义失败后。

来成为红军第十一军的核心。

"1928年春天，由李文林和李韶九领导的游击队，开始在江西的兴国和东固活跃起来。这个运动以吉安一带为根据地，这些游击队后来成为第三军的核心，而这个地区本身则成为中央苏维埃政府的根据地。在闽西，张鼎丞、邓子恢和后来变成社会民主党人的傅柏翠，建立了苏维埃。

"在井冈山'反冒险主义斗争'时期，第一军打败了白军两次攻占井冈山的企图。对于我们正在建立的那种机动部队说来，井冈山是一个非常好的根据地。它有很多的天然屏障，种的庄稼足够供养一支小小的军队。它方圆有500里，纵横约80里。井冈山在当地又称大小五井（真正的井冈山是附近的一座早已荒废的山），这个名称是从山麓5口大井得来的——大、小、上、下、中井，山上的5个村子就是以这5口井命名的。

"我们的部队在井冈山会师以后，进行了改编，创建了著名的红军第四军，朱德任军长，我任党代表。1928年冬天，何键的部队发生暴动和哗变以后，井冈山来了更多的军队，这样就产生了红军第五军，军长是彭德怀。除了彭以外，还有邓萍（长征中在贵州遵义牺牲）、黄公略（1931年在江西牺牲）和滕代远等人也都在第五军。

"来了那么多军队，山上的条件变得很差。部队没有冬衣，粮食奇缺。我们有好几个月几乎全靠吃南瓜过活，战士们喊出他们自己的口号：'打倒资本主义吃南瓜！'——因为在他们看来资本主义就是地主和地主的南瓜。朱德冲破了白军的封锁，让彭德怀留守井冈山；1929年1月，我们在这个壁垒森严的山上的第一次驻扎结束了。

"第四军这时开始了打通赣南的战斗，而且很快就取得顺利的进展。我们在东固建立了苏维埃，和当地的红军部队会合。我们接着就分兵挺进永定、上杭和龙岩，在这几县都成立了苏维埃。红军来到以前就存在于这些地区的战斗的群众运动，保证了我们的胜利，并使我们能够在稳定的基础上，非常迅速地巩固苏维埃政权。通过群众性的分田地运动和游击队活动，红军的影响扩大到其他好几个县，但是共产党人到后来才在那里完全掌权。

"红军的条件在物质上和政治上都开始有了改进，但是还存在着许多不良倾向。例如'游击主义'就是一种弱点，表现于缺乏纪律，极端民主化和组织松懈等等。另一种需要克服的倾向，是'流寇思想'——不愿意安心做建立政权的认真工作，喜欢流动、变换环境以及新奇的经历和事件。还有军阀主义的残余，有的指挥员虐待或者甚至殴打战士，凭个人好恶，对人歧视或者偏爱。

"1929年12月在闽西召开红四军第九次党代表大会 ①

---

① 即古田会议。

以后，许多这样的弱点都被克服了。大会讨论了改进的办法，消除了很多错误认识，通过了新的计划，这就为在红军中建立高水平的思想领导奠定了基础。在这以前，上面所说那些倾向是十分严重的，而且被党内和部队领导内的一个托洛茨基派别用来削弱运动的力量。于是开展了猛烈的斗争来批判他们，有些人被撤销了党内职务和军队的指挥职务。部队指挥员刘敌就是其中的一个典型。人们发现他们企图在对敌作战时用使红军陷入困境的办法来消灭红军。几次作战失败后，他们的计划暴露得相当明显。他们恶毒地攻击我们的纲领和我们所提出的一切主张。经验已经表明他们的错误，他们被撤去领导职务，福建会议以后，他们的影响就被消除了。

"这次会议为在江西建立苏维埃政权铺平了道路。第二年我们就取得了一些光辉的胜利。几乎整个赣南都落到红军手里。中央苏区的根据地建立起来了。

"1930 年 2 月 7 日，在江西南部召开了一个重要的地方党会议，讨论苏维埃今后的纲领。当地党、军、政代表都出席了会议。会上详细地讨论了土地政策问题，由那些反对重行分配土地的人所领导的所谓反对'机会主义'的斗争被打败了。会议决定实行土地的重行分配，加速建立苏维埃，在这以前，红军只组织了地方的和区的苏维埃，这次会议决定建立江西省苏维埃政府。对于这个新的纲领，农民报以热烈的拥护，这有助于我们在后来的几个月中打败国民党军队'围剿'的斗争。"

六、红军的成长

毛泽东的叙述，至此开始越出"个人历史"的范畴，并且以某种方式不知不觉地把个人历史溶于一个伟大运动的历程之中；虽然他在这个运动中保持着主导作用，但是人们却看不清他个人的活动情况。不再是"我"而是"我们"了；不再是毛泽东而是红军了；不再是个人经历的主观印象而是一个观察家的客观记载了，而这个观察家所关心的，是作为历史的人类集体命运的转变。

随着他的叙述的将近结束，我越发需要追问他自己的事情。在那个时候他在干什么？当时他担任什么职务？在这种或那种情况下，他的态度是什么？我的追问，总的说来，使得他在这个叙述的最后一章中有几处提到自己：

"逐渐地，红军的群众工作改进了，纪律加强了，新的组织方法也摸索出来了。农民到处开始自愿帮助革命了。早在井冈山时期，红军就给战士们规定了三条简明的纪律：行动听指挥；不拿工人农民一点东西；打土豪要归公。1928年会议（第二次茅坪会议）以后，为了大力争取农民的支持，在上述三条之外，又添了八项。这八项是：

一、上门板；

二、捆铺草；

三、对老百姓说话要和气，要随时帮助他们；

四、借东西要还；

五、损坏东西要赔；

六、买卖公平；

七、买东西要付钱；

八、要讲卫生，盖厕所离住房要远。

"最后两项是林彪[1] 添加的。这八项注意执行得越来越成功，至今仍是红军战士的准则，他们经常背诵。另外还向红军宣讲三项守则，作为它的主要任务：第一，对敌人要拼死斗争；第二，要武装群众；第三，要筹款支持斗争。

"1930年春[2]，李文林、李韶九领导的几支游击队改编为红军第三军，由黄公略任指挥，陈毅任政委。在同一时期，朱培德的民团有一部分哗变，加入了红军。他们是在国民党指挥员罗炳辉的率领下转到共产党营垒来的，他对国民党的幻想破灭了，愿意参加红军。现在他是红军第二方面军第三十二军军长。从福建的游击队和红军正规部队的骨干中又创立了红军第十二军，由伍中豪指挥，谭震林任政委。后来伍中豪作战牺牲，由罗炳辉继任。

"红军第一军团也是在这个时候建立的，司令员是朱德，我是政委。它由第三军、林彪指挥的第四军和罗炳

---

[1]　林彪后来叛党叛国，于1971年9月13日私乘飞机外逃，摔死在蒙古的温都尔汗。

[2]　原文误为1929年初。

66

辉指挥的第十二军组成。党的领导是前敌委员会，我是前委书记。那时第一军团已经有1万多人，编成10个师。除了这支主力，还有许多地方的独立团、游击队和赤卫队。

"除了这个运动的政治基础以外，红军的战略战术在很大程度上导致了军事上的胜利发展。我们在井冈山采取了4个口号，这4个口号可以约略说明我们所采用的游击战术，而红军就是从这种游击战中成长起来的。这些口号是：

一、敌进我退！

二、敌驻我扰！

三、敌疲我打！

四、敌退我追！

"这4个口号最初为许多有经验的军事家所反对，他们不赞成我们所主张的这种战术。但是，很多经验都证明这种战术是正确的。一般说来，只要红军背离了这些口号，它就不能打胜仗。我们的军队很小，敌人超过我们10倍到20倍；我们的资源和作战物资有限，只有把运动战和游击战巧妙地结合起来，我们才能指望在反对国民党的战争中取得胜利，因为国民党是在远为雄厚和优越的基础上作战的。

"红军最重要的一条战术，过去是，现在仍然是，能够在进攻时集中主力，随后又能迅速分散。这意味着避免阵地战，力求在运动中迎击并歼灭敌人的有生力量。红军奇妙的机动性和神速有力的速决战，就是在上述战术的基础上发展起来的。

"在扩大苏区时，红军一般采取波浪式或潮水式的推进政策，而不是跳跃式的不扎实的推进，不去深入地巩固既得地区。这种政策同上面说过的战术一样，是切合实际的，是从多年的集体军事经验和政治经验中产生出来的。这些战术，遭到李立三的激烈批评，他主张把一切武器集中到红军手里，把一切游击队合并到红军中。他只要进攻，不要巩固；只要前进，不要保卫后方；只要耸人听闻地攻打大城市，伴之以暴动和极端的行动。那时候李立三路线在苏区以外的党组织中占统治地位，而且具有足够的影响，可以在某种程度上强迫红军违反战地指挥部的判断而接受它的做法。它的一个结果是进攻长沙；另一个结果是向南昌进军。但是在这两次冒险中，红军并没有停止它的游击队的活动而把后方暴露给敌人。

"1929 年秋天，红军挺进江西北部，攻占了许多城市，多次打败了国民党军队。第一军团在挺进到可以攻打南昌很近的时候，突然急转向西，向长沙进击。在这次进军中，第一军团同彭德怀的部队会合了。彭曾一度占领长沙，但是为了避免被强大得多的敌军所包围而被迫撤出。彭在 1929 年 4 月被迫撤离井冈山到赣南活动，结果他的部队大大地增加了。1930 年 4 月，彭在瑞金同朱德和红军主力重新会合，接着召开了会议，决定彭的第三军团在湘赣边界活动，朱德和我则向福建进军。

1930年8月①，第三军团和第一军团再次会师，并开始第二次攻打长沙。第一军团和第三军团合并为第一方面军，由朱德任总司令，我任政委。在这样一个领导下，我们到达长沙城外。

"大致在这个时候，中华苏维埃共和国中央执行委员会成立了，我当选为主席。红军在湖南有广泛的影响，几乎和在江西一样。湖南农民对我的名字很熟悉，因为国民党悬了很大的赏格不论死活要缉拿我、朱德和其他红军领导人。我家在湘潭的田地②被国民党没收了。我的妻子和我的妹妹③，以及我弟弟毛泽民、毛泽覃两人的妻子和我自己的儿子，都被何键逮捕。我的妻子和妹妹被杀害了。其他人后来得到释放。红军的威望甚至于扩展到湘潭我自己的村里，因为我听到一个故事，说当地的农民相信我不久就会回到家乡去。有一天，一架飞机从上空飞过，他们就断定飞机上坐的是我。他们警告当时种我家的地的人，说我已经回来视察我家的田地了，看看地里有没有树木被砍掉。他们说如果被砍掉了，我一定会向蒋介石要求赔偿。

"但是第二次攻打长沙失败了。国民党派来大批援军，城内有重兵防守；9月间，新的部队又纷纷开进湖南来攻打红军。在围城期间，只发生过一次重大的战斗，红军在

---

① 原文误为6月。

② 毛在大革命中将收得的地租用于湖南农民运动。——斯诺注

③ 指堂妹毛泽建。

这次战斗中消灭了敌军的两个旅。但是，它未能占领长沙城，几星期以后就撤到江西去了。

"这次失败有助于摧毁李立三路线，并使红军避免了李立三所要求的很可能会成为灾难的对武汉的进攻。红军当时的主要任务是补充新的兵员，并在新的农村地区建立苏维埃，尤其重要的是在苏维埃政权的坚强领导下巩固红军已攻占的地区。为完成这一任务，攻打长沙没有必要，而且还包含了冒险的成份。如果把第一次占领长沙作为一种暂时行动，而不企图守住它并在那里建立国家政权，也许还能产生有益的结果，因为这将在国民革命运动中引起非常巨大的反应。但是在后方苏维埃尚未巩固的时候企图把长沙当作根据地，却是战略和策略上的错误。"

我要暂时打断一下毛的叙述：李立三是湖南人，法国留学生。他常来往于上海和汉口——共产党在那里设有"地下"总部，直到1931年以后才把中央委员会转到苏区。从1929到1930年①，他支配了中国共产党。1930年他被解除政治局的职务，并被派到莫斯科去"学习"。李立三和陈独秀一样，对农村苏维埃缺乏信心，他主张对长沙、武汉、南昌那样的大城市采取有力的进攻策略。他要在农村搞"恐怖"，打掉地主豪绅的气焰；要工人发动"强大的攻势"，要举行暴动和罢工，使敌人在自己的后

---

① 原文误为1931年。

方陷于瘫痪。

毛接着谈下去:

"李立三既过高地估计了当时红军的军事力量,也过高地估计了全国政局中的革命因素。他认为革命正在接近胜利,很快就要在全国掌握政权。助长他这种信心的是当时蒋介石和冯玉祥之间正在进行的旷日持久和损耗很大的内战,这使李立三认为形势十分有利。但是在红军看来,敌人正准备内战一停就大举进攻苏维埃,所以这不是搞这种可能招致惨败的盲动和冒险的时候。这个估计证明是完全正确的。

"随着在湖南发生的事件,红军的撤回江西,特别是攻克吉安以后,部队中的'李立三主义'被克服了。而李本人在被证明是犯了错误以后,很快就在党内丧失了影响。但是,在'李立三主义'被确定地埋葬以前,部队曾经历一个危急的时期。第三军团的一部分人,赞成执行李立三路线,要求第三军团从红军中分离出去。然而彭德怀对这种倾向进行了有力的斗争,从而保持了他统率下的部队的团结及其对上级指挥部的忠诚。但是,刘铁超领导下的第二十军却公开叛变,逮捕了江西苏维埃的主席,逮捕了许多指挥员和政府干部,并在李立三路线的基础上对我们进行政治攻击。这件事发生在富田,被称为'富田事件'。富田位于当时苏区的心脏吉安的附近,这个事件震动一时,肯定有许多人以为革命的前途取决于这场斗争的结果。但是这次叛乱很快就被镇压下去，这是由于第三军团的忠诚、党和红军部队的总的团结以及农民的支持。刘铁超被逮捕，其他叛乱分子被解除武装并被清除。我们的路线重新得到肯定，'李立三主义'被确定地压了下去，从而使苏维埃运动以后又取得了很大的进展。

"这时南京已被江西苏维埃的革命潜力所震惊并在1930年年底开始对红军进行第一次'围剿'。总数超过10万的敌军在鲁涤平的总指挥下，分兵5路进犯苏区。当时红军可以动员起来抗击敌军的部队约有4万人。我们巧妙地运用运动战战术，迎击并战胜了第一次'围剿'，取得巨大的胜利。我们贯彻执行了迅速集中和迅速分散的战术，以我主力去各个击破敌军。我们诱敌深入苏区，然后集中优势兵力，对孤立的国民党部队发动突然袭击，取得主动地位，使我们能够在一个短时间里包围他们，从而把数量上占巨大优势的敌人所享有的总的战略优势扭转过来。

"到了1931年1月，第一次'围剿'完全被打败了。我认为如果红军没有在'围剿'开始前不久创造的3个条件，就不可能取得这次胜利：第一，第一军团和第三军团在集中的指挥下统一起来了；第二，清算了李立三路线；第三，党战胜了红军内和苏区内的 AB 团（刘铁超等）及其他现行反革命分子。

"仅仅经过4个月的休整，南京就以当时的军政部长何应钦为总指挥，发动了第二次'围剿'。他的兵力超过

20 万，分 7 路进犯苏区。当时红军的处境被认为是非常危险的。苏维埃政权管辖的地区很小，资源有限，装备奇缺，敌人的物质力量在各方面都大大超过红军。但是，红军仍然坚持迄今赖以制胜的战术来对付这次进攻。我们放各路敌军深入苏区，然后集中主力突然攻打敌第二路，打败了好几个团，摧毁了他们的进攻力量。紧接着我们迅速地相继进攻第三路、第六路和第七路敌军，依次击败他们。第四路不战而退，第五路被部分地消灭。在 15 天内，红军打了 5 个仗①，走了 8 天路，结果得到了决定性的胜利。蒋光鼐和蔡廷锴指挥的一路军，在其他 6 路被打败或退却以后，没有认真打一仗就撤退了。

"一个月以后，蒋介石亲自统率 30 万军队，企图'最后扑灭''赤匪'。协助他的有他最得力的将领陈铭枢、何应钦和朱绍良，每人负责一路大军。蒋介石指望用长驱直入的办法占领苏区——迅速地'扫荡赤匪'。他一开始就每天进军 80 里，深入苏区的腹地。这为红军提供了最有利的作战条件，很快就证明蒋介石的战术犯了严重错误。我军主力当时只有 3 万人，依靠一系列巧妙的机动行动，在 5 天之中进攻了 5 路敌军。第一仗红军就俘虏了许多敌军，缴获了大批弹药、枪炮和装备。到 9 月间，蒋介石就不得不承认第三次'围剿'已失败，10 月间撤退了他的军队。

---

① 原文误为在 14 天内打了 6 个仗。

"这时候红军进入一个比较和平的成长时期，发展是非常迅速的。第一次苏维埃代表大会于1931年11月7日①召开，建立了中央苏维埃政府，我担任主席，朱德当选为红军总司令。在12月，发生了宁都暴动，国民党第二十六路军有1万多人起义②，参加了红军。他们是由董振堂和赵博生率领的。赵后来在江西作战牺牲，董今天仍然是红五军团的司令员——第五军团就是由宁都暴动后过来的部队建立的。

"红军现在发动自己的攻势了。1932年它在福建漳州打了一个大仗，占领了这个城市。在南面，红军在南雄进攻了陈济棠，而在对着蒋介石的战线上，红军猛攻乐安、黎川、建宁和泰宁。它还攻打了赣州，但没有占领。从1932年10月起，直到长征开始，我把自己的时间几乎都用在苏维埃政府的工作上，军事指挥工作交给了朱德和别的同志。

"1933年2月③，南京开始向中央苏区第四次，而且对它来说也许是败得最惨的一次'围剿'。这一次红军第一仗就歼灭了敌人两个师，俘虏了两名师长。敌第五十九师被部分消灭，第五十二师被全部消灭。在乐安和宜黄之间东陂、黄陂地方④打的这一仗中，红军一举就俘虏了

① 原文误为1931年12月11日。
② 原文误为第二十八路军，2万多人。
③ 原文误为4月。
④ 原文系乐安县的大龙坪和桥汇。

74

1.3 万敌军。蒋介石最精锐的部队国民党第十一师接着也被歼灭，几乎全部被缴械，师长受了重伤。这几个战役构成了决定性的转折点，第四次'围剿'随即结束。当时蒋介石写信给他的战地司令官陈诚，说他认为这次失败是他一生中'最大的耻辱'。陈诚是不赞成搞这种'围剿'的。他当时对人说，在他看来，同红军作战是一种'终生的工作'，也是一种'无期徒刑'。这话传到蒋介石那里，他就解除了陈诚的高级指挥职务。

"为了他的第五次，也就是最后一次'围剿'，蒋介石动员了将近100万人，并且采取了新的战术和战略。蒋介石根据德国顾问们的建议，在第四次'围剿'时就已经开始采用堡垒主义。在第五次'围剿'中，他就完全依赖这个了。

"在这个时期，我们犯了两个重大的错误。其一是没有在1933年福建事变中同蔡廷锴的部队联合。其二是放弃了我们以前的机动战术而采用错误的单纯防御的战术。用阵地战对付占巨大优势的南京军队，是一个严重的错误，因为红军无论在技术上还是在精神上都不善于打阵地战。

"由于犯了这些错误和蒋在'围剿'中采用的新战略和战术，加上国民党军队在数量上技术上的压倒优势，到了1934年，红军就不得不竭力改变它在江西的迅速恶化的处境。其次，全国的政治形势也促使我们决定将主要的活动中心转移到西北去。随着日本的入侵东北和上海，苏维埃政府早在 1932 年 4 月 ① 就已经正式对日宣战。但由于国民党军队对苏维埃中国的封锁包围，这一宣战自然没法生效。接着，苏维埃政府又发表宣言，号召全国所有的武装力量组成统一战线，抵抗日本帝国主义。1933 年初，苏维埃政府宣布愿在下列基础上同任何白军合作：停止内战，停止进攻苏区和红军；保障民众的自由和民主权利；武装人民进行抗日战争。

"第五次'围剿'于 1933 年 10 月开始。1934 年 1 月，在苏维埃首都瑞金召开了第二次全国苏维埃代表大会，总结革命的成就。我在会上作了长篇报告，大会选出了中央苏维埃政府——就是现在的这批人员。不久以后，我们就准备长征了。长征开始于 1934 年 10 月，刚好在蒋介石发动他的最后一次'围剿'一年以后，这是几乎不断地作战和斗争的一年，双方的损失都很大。

"到了 1935 年 1 月，红军主力到达贵州遵义。在随后的 4 个月，部队几乎不断地在行军，并且进行了最剧烈的战斗。红军经历了无数艰难险阻，横渡中国最长、最深、最危险的江河，越过中国一些最高和最险峻的山口。通过强悍的土著居民地区，跋涉荒无人烟的草地，经受严寒酷暑、风霜雨雪，在占全中国白军半数的敌人的追击下，通过了所有这一切天然险阻，并且突破了湘、粤、桂、黔、滇、川、康、甘、陕各省地方军队的堵截，终于在 1935

_____

① 原文误为 2 月。

76

年 10 月到达了陕北，并在中国的大西北扩大了现在这个根据地。

"红军的胜利行军，以及它的胜利到达甘陕并保存自己的有生力量，首先是由于共产党的正确领导，其次是由于苏维埃人民的骨干的伟大的才能、勇气、决心以及几乎超人的忍耐力和革命热情。中国共产党过去、现在、将来都忠于马列主义，并将继续进行斗争反对一切机会主义倾向。它之所以不可战胜和必然取得最后胜利，其原因之一就在于这种决心。"

长 征 *

一、第五次"围剿"

在这里，我甚至不能概括一下中国南方苏维埃的引人入胜然而迄今只有片断记载的 6 年历史——这是注定要成为长征史诗的序曲的一个时期。毛泽东曾经简短地谈过苏维埃的有机发展和红军的诞生。他谈过共产党人怎样从几百名衣衫褴褛、受饥挨饿然而年轻有为的革命者中建立起一支几万人的工农军队，到了 1930 年，他们已经成为那么重要的夺取政权的力量，以至于南京不得不对他们发动第一次大规模的进攻。最初的一次"围剿"和随后的第二、第三、第四次"围剿"，都失败了。在这几次战役中，红军每次都消灭了国民党许多个旅和整师整师的军队，补充了自己的武器弹药，吸收了新战士，扩大了自己的领土。

同时，在红色非正规军的攻不破的战线这一边，人们过着怎么样的生活呢？在南方苏维埃的整个历史中，

---

* 这篇基本上是根据毛泽东的叙述，但可以看出有若干地方斯诺采用了别人提供的一些具体资料。有些评论性的话是斯诺自己的话。

竟然没有一个"外面的"外国观察家进入过这个红色区域——除了苏联以外的世界上唯一在共产党统治下的国家，这实在是我们时代令人惊奇的事实之一。因此，外国人所写的关于中国南方苏区的一切情况，都是第二手材料。但是有一些要点现在已经可以从友敌双方的报道中得到证实。这些要点清楚地表明红军受到拥护的基础。土地进行了重新分配，捐税减轻了。集体事业大规模地建立起来，到1933年，单单在江西就有了上千个苏维埃合作社。失业、鸦片、娼妓、奴役儿童和强迫婚姻都被消灭了，不打仗的地区的工人和贫农的生活条件已经大大改善。在巩固的苏区里，群众教育取得了很大的进展。在某些县，共产党人在三四年内达到的人民识字程度，超过了中国任何其他农村地区多少世纪来所取得的成绩，包括洛克菲勒支持和晏阳初主办的花了许多钱的定县群众教育实验在内。在共产党的模范县兴国，将近80%的人口都识字了。

这些成就至少现在已被大量客观的证据所证实。但是关于小小的苏维埃共和国的其他方面，虽有许多文献资料可证，讨论它们时仍不免引起争论，而这不是本书的范围所及。假如共产党能保持和巩固南方的根据地，他们会取得什么样的成就呢？在这里我们会陷入纯粹的预言，我们所下的结论自然会受到主观因素的影响。

对南方苏区的任何推测现已成为学究式的行为。因为在1933年10月，南京发动了第五次，也就是它最大的一次反共战争，一年以后红军终于被迫实行总退却。当时几乎人人都以为这是事情的终结，是红军的丧礼进行曲。他们这种看法是如何的大错特错，差不多要两年以后才显示出来，一个历史上罕见的、非同寻常的卷土重来，随着事态的发展达到了高潮——蒋介石自己的生命竟然会落入共产党人手中，而蒋却曾经一度真的相信他自己吹的牛皮，以为他已经"消灭共产主义之威胁"。

在反共战争进入第 7 年之前，消灭共产党的尝试没有取得任何显著的成就。共产党人当时在江西的很大一部分以及福建、湖南的广大区域享有实际的行政控制权。此外还有一些同江西不直接毗连的其他苏区，它们位于湖南、湖北、河南、安徽、四川、陕西等省。

在第五次"围剿"中，蒋介石动员了 90 万左右的兵力来攻打红军，其中大概有 40 万人——约 360 个团，积极参加了江西、福建地区的作战以及针对鄂豫皖红军的作战。但江西是整个战役的关键。在江西，正规红军能够动员 18 万人的总兵力，包括所有的后备师，此外，大概还有 20 万游击队和赤卫队；但是他们总共只能集合起不到 10 万支枪，他们没有重炮，而手榴弹、炮弹和其他弹药的供应又非常有限，都是瑞金的红军兵工厂制造的。

蒋采用了一种新的战略，来充分发挥他的最大长处——优越的资源、技术装备，从外界得到源源不绝的供应的便利（而红军却没有通向外界的渠道），机械化战争，以及一支由将近 400 架可飞行的作战飞机组成的现代空军。红军曾经缴获几架蒋机，他们也有三四名飞行员，但是他们没有汽油、炸弹和机械师。这一次蒋不再侵入红色区域并试图用优势兵力进行猛攻的办法来占领苏区，这种办法在过去已被证明是招致灾难的了。他现在用他的大部分军队来包围"赤匪"，并对他们进行严密的经济封锁。

这样做的代价是很大的。蒋介石建筑了几百公里军用公路和数以千计的小碉堡，这些碉堡可以用机关枪火力或炮火连接起来。他的以守为攻的战略战术，有助于削弱红军在运动战中的优势，并且突出了红军人数少和资源缺乏的不利条件。实际上蒋在他著名的第五次"围剿"中在苏区周围建起一道长城并逐渐把它往里推。它的最终目标是要像一把钳子那样包围和粉碎红军。

蒋狡猾地避免把大量的军队暴露在他的公路网和碉堡网以外。他们只是在重炮、装甲车、坦克和飞机的严密掩护下才向前推进，而且很少前进到距离碉堡线几百公尺以外的地方，这种碉堡线贯穿江西、福建、湖南、广东、广西诸省。红军失去了诱攻、伏击或者在广阔的战场上出奇制胜的机会，不得不采取新的战术。他们开始主要地依靠阵地战——这个决定的错误及其原因，将在下面提到。

据说第五次"围剿"主要是由蒋介石的德国顾问们策划的，特别是德国陆军的冯·福肯豪森将军，当时他是蒋介石的首席顾问。这种新的战术是彻底的，但也是非常缓慢和费钱的。作战持续了好几个月，南京仍未能给予它的敌人的主力以决定性的打击。但是封锁却对红区产生了严重的影响，特别是食盐的完全缺乏。这个小小的红色根据地，逐渐无力击退对它施加的军事的和经济的联合压力了。红军在这次战役中为了保持长达一年的抵抗，必须对农民实行相当重的征收。同时应该记得，大多数红军战士是得到了公民权的农民和由于新获得的土地而感到自豪的土地所有人。单单为了土地，中国的大多数农民就会战斗到底的。江西人民懂得国民党的回来，也就意味着地主的回来。

南京以为它消灭红军的努力已经接近成功了：敌人已经成为笼中之鸟，无法逃脱。估计有数以万计的农民死于每天的空中轰炸和机枪扫射，或者死于国民党在它重行占领的地区里所进行的"清洗"。据周恩来说，红军本身在这次围攻期间就死伤了6万多人，老百姓的生命牺牲也非常惨重。有些地区居民绝迹，这有时是由于强迫集体迁移，有时是由于更加简便的集体屠杀。据国民党报纸估计，在收复江西苏区的过程中，100来万人民被杀死或饿死。

尽管这样，第五次"围剿"并非决定性的。它没有达到消灭红军有生力量的目的。红军在瑞金召开了一次军事会议，决定撤退，把红军主力转移到一个新的根据地去。这个要延续整整一年的伟大的远征，计划得十分完备有效。这些计划或许显示了共产党人在他们发动攻势期间没有表现出来的某种军事天才。因为指挥一支胜利前进的军队是一回事，而要在现已出名的通往西北的长征中将会遇到的那种不利条件下胜利完成撤退的计划却完全是另一回事。

红军撤出江西，显然是那样的迅速秘密，以至于直到估计约有 9 万人的红军主力已经行军好几天之后，敌人的总部才知道发生了什么事。红军是在江西南部进行集结的，把大部分正规部队从北线撤走，用游击队替换他们。这些行动总是在夜间进行。当整个红军实际上已经集中到赣南于都附近时，长征的命令就颁发了。长征是从 1934 年 10 月 16 日开始的。

一连 3 个晚上，红军分两路向西和向南挺进；第四天晚上，完全出人意料地在进军途中几乎同时攻打湖南和广东的碉堡防线，猛烈袭击并占领了这两条防线，使惊慌失措的敌人溃逃。他们片刻不停地向前挺进，直到他们占领了南线的一连串封锁碉堡和防御工事群；这样他们就打通了南下和西进的道路，他们的先头部队就沿着这些道路开始了惊人的征程。

除了红军的主力部队，还有成千的红色农民参加这次行军——老的和少的，男人、妇女、儿童，共产党员和非共产党员。红军的兵工厂被拆除，所有的工厂也被卸走，机器装在骡背和驴背上——凡是能够搬动和有价值的东西，都随着这支奇特的队伍前进。随着行军越来越远，他们不得不抛弃许多这样的负担。红军人员现在会告诉你说，有成千成万的步枪和机关枪，很多机器、弹药，甚至于白银，被埋藏在他们从南方出来后所走过的漫长道路上。他们说，现在被成千上万的敌人警备部队所包围的红色农民，总有一天会把这些东西挖出来并且重新建立他们的苏维埃。他们只是在等待信号，而即将爆发的抗日战争很可能就是那样的信号。

红军主力撤出江西之后，又过了好几个星期，南京的军队才占领了主要的红色城镇。成千的农民赤卫队和游击队员，在少数正规部队成员的领导下，团结一致一直奋战到底。很多这样的共产党领导人都是自愿留下来准备牺牲自己的，共产党人现在用各种方式纪念他们的英雄品质。红军留下了它的一些最有才能的指挥员：陈毅、粟裕、谭震林、项英、方志敏、刘晓、邓子恢、瞿秋白、何叔衡和张鼎丞。但是，他们的正规部队只有6000名身体健康的人，另有2万名伤员在农民中隐蔽下来。其中有成千人被捕并被杀害。他们所进行的后卫战，使得红军主力在国民党能够调动足够的军队在行军道上包围和消灭他们以前，就已经走得很远了。甚至到1937年，江西、福建和贵州有一些地区还在红军所留下的这些部队手中，而且直到最近，政府还宣布要在福建进行又一次反共战役来"最后扫荡"他们。

二、一个国家的迁移

红军胜利地突破了第一道碉堡防线之后，就开始了它的划时代的、历时一年的、向西和向北方向的征程，这是一次绚丽多彩和富于故事性的远征，在这里我只能最简单地概述一下。共产党人现在正在编写一部集体记述长征的书，由几十位参加过长征的人供稿，已经写成了30多万字，然而仍未完成。① 冒险，探索，发现，人类的勇敢和怯懦，狂欢和胜利，苦难、牺牲和忠诚——像火焰一样贯穿这一切的是成千上万的青年的持久不衰的热情、不灭的希望和惊人的革命乐观主义，这些青年人不承认人或自然、上帝或死亡会给他们带来失败。所有这一切和更多的东西都包含在一部当代无与伦比的长征历史中。

红军自己通常称之为"二万五千里长征"。从福建的最远点到远在西北的陕西的旅程终点，加上途中的许多迂回曲折和进退，许多长征战士毫无疑问是走了二万五千里或更多路程的。第一军团所制的分段行军记录② 表明，长征路线共长 18088 里或 6000 英里——约为美洲宽度的两倍——这个数字可信为主力部队最低限度的行程。同时必须记得，整个旅程是靠两条腿走过来的，要经过一些世界上最难通行的小道，其中大多数都没法让车辆通过，还要越过亚洲一些最高的山脉和最大的河流。这自始至终是一场漫长的战斗。

---

① 为进一步扩大长征的影响，1936 年 8 月 5 日，毛泽东、杨尚昆向各部队和参加长征的同志发出信函，为《长征记》征稿。很多经历长征的同志，积极撰写回忆文章，10 月底，收到征稿 200 多件、50 多万字。1942 年11 月，《红军长征记》在延安出版。

② 《长征记录》，1936 年 8 月第一军团制于预旺堡。——斯诺

中国南方的苏区有 4 道主要的防御工事包围着它，这些工事由一串串混凝土构筑的机枪阵地和碉堡掩护着，红军必须打破这些防线，才能进到西面没有被封锁的地区。设在江西的第一道防线于 1934 年 10 月 21 日被击破；设在湖南的第二道防线是在 11 月 3 日占领的；一个星期以后，位于湖南的第三道防线，经过血战以后也落入红军手中。11 月 29 日，广西和湖南的军队放弃了第四道也就是最后的一道防线，于是红军向北转入湖南，开始沿着一条直线向四川推进，打算到那里的苏区去同徐向前领导下的第四方面军会合。在上述期间，打了 9 次大仗。南京及各省的军阀陈济棠、何键、白崇禧一共调集了 110 个团的兵力去堵截他们。

在经过江西、广东、广西和湖南的行军中，红军蒙受了非常重大的损失。他们到达贵州边境的时候，人数减少了 1/3 左右。这首先是因为大批辎重妨碍了行动，单是从事辎重运输的就有 5000 人之多。先头部队受到严重的拖累，这在许多情况下，使敌人有时间进行充分的准备来堵截红军。其次是因为从江西出发后红军保持着一条毫不偏离地向西北方向行进的路线，这使南京能够预料到红军的大多数行动。

这些错误所造成的严重损失，促使红军在贵州采取新的战术。他们不再作箭头式的推进，而开始采取一系列分散敌人注意力的行动，使得南京的飞机越来越难以侦察出红军主力部队每天行军的目的地。两个纵队，有时多达 4

个纵队，在中央纵队的侧翼作一连串迷惑敌人的行动；先头部队也展开了一种钳形的阵势。只保留最少和最轻的必要装备，人数大大减少了的辎重队——他们是每天空袭的目标——这时通常都在夜间行军了。

蒋介石预期红军会试图渡过长江进入四川，于是从湖北、安徽和江西抽调了数以万计的军队，急急忙忙地把他们向西运送，想（从北面）来切断红军的进路。所有的渡口都用重兵把守，一切渡船都被拖到长江北岸去，所有的道路都被封锁起来；大片地区的粮食被搜刮一空。成千上万的南京军队源源开进贵州，增援军阀王家烈的抽鸦片的地方部队，这支军队最后几乎被红军打得土崩瓦解。还有一些军队被派到云南边境，在那里设置障碍。因此红军在贵州遇上了由几十万军队组成的"接待委员会"，一路上处处受到堵截。这使红军有必要在川、黔、滇①进行两次大规模的回旋行军和一次环绕贵州省会的大迂回。

在川、黔、滇②的运动占去了红军4个月的时间，在这段时间里，他们摧毁了敌人5个师，攻占了贵州省军阀王家烈的司令部，占了他在遵义的洋式宫殿，补充了约2万兵员，到过该省大部分城镇，到处召开群众大会，并在青年中培养共产党干部。这时他们的损失是比较小的，但是他们仍然面临着如何渡过长江的问题。蒋介石通过迅速

---

① 原文系贵州省，不准确。
② 原文系贵州省，不准确。

地把军队集中在川黔边境上，已经巧妙地堵住了直通长江的近路。此时他把消灭红军的主要希望寄托在阻止红军在任何地点渡江，指望把红军逼到边远的西南地区或者西藏的荒野里去。他打电报给他的各级司令官们和各省军阀们说："党国命运系于围歼赤党于长江以南"。

1935 年 5 月初，红军突然掉头往南，进入云南，这是中国同缅甸和印度支那接壤的地方。红军经过 4 天速度惊人的行军，出现在离省会昆明不到 30 里的地方，军阀龙云慌忙把所有能调动的军队集结起来进行防卫。这时候，蒋的增援部队尾随红军从贵州进入云南。耽在昆明的蒋介石本人和宋美龄却慌慌张张地从滇越铁路逃跑了。一大队南京的轰炸机天天在红军头上下蛋，但红军仍不断前进。可是不久，惊慌消失了。人们发现红军挺进昆明只是一种少数部队所进行的佯攻。红军主力正在向西推进，显然是打算在龙街渡渡江——这里是长江上游很少几个通航点之一。

在高山纵横的云南境内，长江流经巨大的峡谷，水深流急，有些地方两边悬崖夹峙，长达一英里以上，峻峭的岩壁几乎垂直地矗立在两岸。那很少数的几个渡口，早已被政府军队全部占领。蒋介石这时很得意。他下令把所有的船只拖到长江北岸去烧掉。接着，他调动他自己的和龙云的军队，对红军展开包抄行动，指望在这条历史上有名的波涛汹涌的江边，一下子把红军永远消灭掉。

红军似乎没有意识到自己的命运似的，继续分三路朝着龙街渡飞速西进。那里的船只都早已被烧毁，南京的飞机驾驶员报告说，红军一支先头部队已经在开始搭竹桥。蒋变得更加放心了；因为搭桥需要好几个星期的时间。但是，有一天晚上，一个营的红军突然不声不响地倒转了它的方向。在一次神速的急行军中，他们一昼夜走了85英里，傍晚来到了皎平渡——附近唯一可能过江的另一个渡口。这一营红军穿着缴获的南京军服，在黄昏时候没有引起人们的注意就进入这个地方，并且悄悄地解除了守军的武装。

船只已经被撤到北岸，可是没有被毁掉。（国民党军可能是这样想的，为什么要糟蹋船只呢？红军还在好几百里以外，而且根本没有向着这里来呀！）可是怎样才能把一条船搞到南岸来呢？天黑以后，红军带着村长来到河边，要他向对岸的卫兵喊话，说来了一些政府军队，需要一只船。对岸没有起疑就把一只船放了过来。一小队这种"南京"士兵挤进船里，很快就登上北岸——终于到了四川了。他们很镇静地走进哨所，发现守军正在安闲无事地打麻将，他们的枪支安然地靠墙放着。当红军命令他们举起双手并缴了他们的武器的时候，他们只是瞪着眼睛，张口发愣。过了很久，他们还明白不过来，为什么成了他们以为还远在至少3天路程以外的"赤匪"的俘虏。

同时，红军主力进行了一次大规模的回旋行军，到了第二天中午，先头部队到达这个渡口。现在，渡河是一件简单的事了。6只大船川流不息地忙了9天，整个红军没有损失一人就进入了四川。运送工作一完成，红军就立即把船只毁掉，然后躺下睡觉。两天以后，蒋军到达河边时，红军的后卫部队乐呵呵地从北岸招呼他们过河，说游泳可舒服呢。蒋介石军队不得不绕道200多英里到最近的一个渡口去，这样红军就把他们甩在后面了。蒋介石大动肝火，飞到四川，在那里集结了新的军队，来阻拦前进的红军队伍，指望能在另一条处于战略地位的河流——大渡河边把他们截住。

三、大渡河上的英雄

渡大渡河是长征途中的最关键的事件。如果红军在那里失败了，它就很可能被消灭。这种命运，在历史上早有先例。在遥远的大渡河两岸，"三国"时代的英雄们和后来的许多武士遭到了失败；19世纪时，太平天国的最后一支叛军——翼王石达开统率的10万大军，就在这些峡谷里被有名的曾国藩指挥的清朝军队包围和全歼。蒋介石现在打电报给他在四川的同盟者军阀刘湘和刘文辉以及指挥政府追击部队的他自己的将领们，勉励他们重演太平天国时候的历史。他满以为，红军在这里将会不可避免地遭到毁灭。

但是红军也知道石达开的故事，知道石达开失败的主要原因是致命的延误时机。翼王石达开到达大渡河岸以后，曾经停留了 3 天来庆祝他的儿子——一位王子的诞生。这几天的休息使他的敌人有机会集中兵力对付他，在他后面快速行军，切断了他的退路。等到翼王发觉自己的错误，已经太晚了。他试图冲破敌人的包围，但在这种狭窄的峡谷地带没法实施机动，结果他被从地球上抹掉了。

红军决心不重犯他的错误。他们迅速地从金沙江北上，深入四川，不久就进入好战的土著部落的地区——四川彝族①居住的地区。这些强悍的彝族人从来没有被居住在他们周围的汉人所征服和同化过，他们多少世纪以来一直占据着四川境内这个山多林密的马蹄形的地区，它的边界西挨西康，东靠长江，往南形成一个大弓形。蒋介石有信心地指望红军会在这里长期耽搁并受到削弱，使他得以在大渡河北岸集中兵力。彝族人过去一向仇恨汉人，汉人军队进入他们的境内，很少有不遭受重大损失或者不被消灭的。

但是，红军却有办法。他们已经安全地通过了贵州、云南的土著居民苗族人和瑶族人的部落地区，并且赢得了他们的友谊，甚至还从这些部落中吸收了一些兵员。这时，他们派出使者先去和彝族人谈判。他们在行军途中攻占了邻近的彝族居住地区的几个城镇，在那里发现一些被汉人地方军阀当作人质而拘禁起来的彝族头人。红军释放了他们，把他们送回去，这些人自然是称赞红军的。

---

① 当时称"倮倮人"。

在红军先遣部队里有指挥员刘伯承，他曾经在四川军阀的军队里当过军官。刘了解部落人民的情况，了解他们的内部争执和不满。他特别了解他们对汉人的仇恨，而且会说一点彝族话。他接受了同彝族人商谈缔结友好联盟的使命，进入了他们的地区，同他们的头人会谈。他说，彝族人反对军阀刘湘、刘文辉和国民党，红军也反对他们。彝族人要保持自己的独立，红军的政策是赞成中国一切少数民族实行自治。彝族人仇恨汉人，因为他们受到汉人压迫；但是汉人有"白"的和"红"的之分，一贯屠杀和压迫彝族的是"白"汉人。难道"红"汉人和彝族人民不应该团结起来反对共同的敌人"白"汉人吗？彝族人听得很有兴趣。他们机灵地要求红军为他们提供武器和弹药，以保卫他们的独立并帮助"红"汉人打"白"汉人。使他们惊讶的是，这两样红军居然都给了他们。

结果是一条不仅能迅速通过而且能安全并愉快地通过的道路被打开了。成百的彝族人参加了"红"汉人的队伍，挺进到大渡河攻打共同的敌人。其中有些彝族人一直走到了西北。刘伯承当着彝族大头人的面喝了一碗滴了刚宰的公鸡的血的酒，那个大头人也喝了，他们按照部落的仪式歃血为盟结成兄弟。红军在誓言中宣称，谁违反了盟约的条款，谁就像那只刚被宰的鸡那样软弱、怯懦。

这样，红军第一军团的一个先遣师在林彪率领下到达了大渡河。在最后一天行军中，他们从彝族地区的森林里（茂密的树叶使南京的飞机驾驶员完全找不到他们的踪迹）

走出来，突然来到河边的小镇安顺场，就像他们曾经出其不意地到达皎平渡一样。先遣队由彝族人带路通过狭窄的山道，悄悄地来到这座小镇，他们从高处俯视河岸，惊喜交加地看到3只渡船中的1只还拴在南岸！这一下他们又一次交了好运。

这是怎么一回事呢？原来对岸只有四川省的两个独裁者之一刘文辉将军的一团人。其他四川军队和南京的增援部队，还在慢条斯理地走向大渡河。当时这一团人看来是足够的。要是全部船只都停泊在北岸，只用一个班也就行了。但是那个团的团长是本地人，他很了解红军必须经过的那些地方，也了解他们穿过那些地方来到河岸需要多少时间。他告诉他的士兵说，红军还要过很多天才能到这里呢。他的妻子是安顺场本地的人，他必须过河到南岸去探亲访友，同他们吃吃喝喝。结果红军出其不意地占领了这个小镇，俘虏了团长和他的船，夺得了他们到北岸去的通道。

5个连的红军，每连有16个人主动请求乘第一只船过河去把那两只船带回来，同时，红军在南岸的山坡上架起机关枪，组成掩护火力网，集中扫射对岸敌人的暴露阵地。当时是5月，山洪暴发，河流湍急，河面比长江还宽。渡船从上游出发，用了两个小时才到达小镇对岸。安顺场的村民在南岸屏气凝神地注视着，怕这些人会被消灭掉！但是别着急，他们看到过河的人几乎就在敌人的枪口下上了岸，接着他们又想这些上岸的人肯定要完蛋了。

然而……红军的机枪不停地吼着。他们看到这一小队人爬上了岸，迅速地隐蔽起来，接着缓慢地攀登一座可以俯瞰敌人阵地的哨壁。在哨壁上他们架起了自己的轻机关枪，向沿河的敌人工事发射出暴雨般的枪弹和手榴弹。

突然，白军停止了射击，从他们的工事里跑出来，退到第二道防线，接着又退到第三道防线。南岸的人大声议论起来，叫好声漂过河面传到已经夺得了渡口的那一小队人耳朵里。这时，第一只船回来了，还拖回另外两只船。第二次渡河，每只船都载 80 个人。敌人完全逃跑了。当天和第二天、第三天，安顺场的这 3 只渡船日夜来回运人，直到最后把将近一师人全部运送到了北岸。

但是，河水越流越急，摆渡变得越来越困难了。到了第三天，运一船人过河需要 4 个小时。按这个速度，把全军人马和给养运过河去，需要好几个星期的时间。在运送工作远没有完成以前，他们就会被敌人包围。这时第一军团已经涌进安顺场，后面是侧翼部队、辎重队和后卫部队。蒋介石的飞机已经发现了这个目标，进行猛烈的轰炸。敌军正在从东南方向赶来；其他敌军则从北面进逼。林彪急忙召开了一次军事会议。这时朱德、毛泽东、周恩来和彭德怀已经到达河岸。他们作出了决定，并立即贯彻执行。

在安顺场以北约 400 里的地方，山峡高峙，两岸狭窄，水流既深且急，那里有一座有名的铁索吊桥，名叫泸定桥。这是西康以东大渡河上最后一个可能渡过的渡口。

赤着脚的红军，现在沿着峡谷里一条曲折的小道向这个地点推进，他们有时往上爬几千尺，有时又向下走到涨水的河边，在齐腰的泥浆中跋涉前进。如果他们能夺取泸定桥，全军就能够进入四川中部。如果失败，他们就得从原路折回，经过彝族地区重入云南，向西打到邻近西康的丽江——这样得绕道1000英里，就没有多少人可以指望活下来。

当红军主力部队沿着西岸向北推进的时候，已经在北岸的那个红军师也在向北推进。有时他们之间的峡谷非常狭窄，两路红军可以彼此隔河呼应；但有时他们之间的间隔如此之大，以致他们担心大渡河将会把他们永远分离，于是他们就加快了步伐。夜间，当他们的长龙队形沿着峭壁蜿蜒前进的时候，他们的上万枝火把射出一道道火光，斜映到挡在他们面前的河流的黑暗而又不可捉摸的水面上。白天黑夜，这些先头部队以加倍的速度向前疾进，只停留短短的十来分钟坐下休息和吃饭。那时战士们就倾听疲惫不堪的政治工作人员向他们讲话，反复说明这个行动的重要性，勉励他们每个人要在当前的考验中献出最后一滴血、拿出最后一股劲去争取胜利。这里一丝一毫不容许松懈、疲沓，不容许半心半意。胜利则生，失败必死。

第二天，在右岸的先头部队落后了。四川的军队在路上构筑了阵地，发生了小规模的遭遇战。在西岸的部队更加坚韧不拔地向前推进。不久，对岸出现了新的部队，红军用望远镜看出那是白军增援部队，正在急忙地向泸定桥赶去！两支军队沿着河岸赛跑了整整一天，可是，红军先头部队——红军的精华，逐渐把疲乏的敌军士兵甩到后面了，敌军休息的时间越来越长，次数也越来越多了，他们好像更加精疲力竭，而且他们毕竟不急于去为一座桥送死。

泸定桥是几百年前建筑的，其构造方式同中国西部深水江河上所有其他的桥一样。16条长约百米左右粗铁链横跨河面，两头埋置在两岸石砌的桥头下面用水泥胶接的大石堆里。铁链上捆着厚木板，构成通行的桥面，但在红军到达的时候，他们发现这些木板有一半给抽掉了，从岸边到河中心只剩下光溜溜的铁链。在东岸的桥头，敌人的一个机关枪阵地正对着他们，它的后面是由一团白军把守的阵地。这座桥当然是应该被毁掉的。但是四川人对他们的极少几座桥很有感情；重建不容易，而且又费钱。单说这座泸定桥，据说是由"十八省捐款兴建的"。而且无论如何谁能想到红军会发疯似地试图从光铁链上过河呢？可是红军却偏偏这样做了。

不容耽误。必须在敌人增援部队到达以前拿下这座桥。这一次也号召自动报名。红军战士一个个站了出来，准备牺牲自己的生命。从这些报名的人中，挑选了30人。他们把手榴弹和毛瑟枪捆在背上，用两只手交替抓住铁链，摇摇晃晃地向前移动，很快就窜到了奔腾的河流之上。红军的机关枪嗒嗒地向着敌人的工事怒吼，子弹倾泻在桥头堡上。敌人也用机关枪回击，狙击手对着高悬在水面上逐渐向他们逼近的红军战士射击。头一个战士中了枪，掉到下面的水流里；第二个也掉下去了，接着是第三个。但是，其他战士越来越接近桥中心，那些没有被抽掉的桥板多少起到保护这些敢死队员的作用，敌人的大多数子弹从他们身边擦过去，或者打到对岸的悬崖上了。

四川人过去也许从来没有见过这样的战士——他们当兵不是仅仅为了混饭吃，他们是随时准备献出自己的生命去争取胜利的青年人！这些迷信的四川人在想：他们是人吗？还是疯子或者是神呢？白军士兵本身的士气是否受到了影响？也许他们放枪不是为了打死对方吧？也许他们当中有些人还暗中祝愿这些红军达到目的吧？最后，一名红军战士从桥板上爬过去，打开一个手榴弹，十分准确地把它扔到敌人的工事里。白军军官发急了，下令把残存的桥板抽掉，但已经太晚了。更多的红军战士爬到他们面前来了。敌人把煤油扔到桥板上，桥板开始燃烧起来。这时，大约有20名红军战士用双手和膝盖匍匐前进，把手榴弹一个接一个地扔进敌人的机关枪阵地。

突然，南岸的同志们开始欢呼起来。"红军万岁！革命万岁！30位大渡河英雄万岁！"这时敌人正在乱成一团地仓惶逃跑。突击的战士们全速跑过残存的桥板，穿过烧向他们的火焰，敏捷地跳进敌人的工事，掉转敌人丢弃的机关枪，向岸上的敌人扫射。

这时，更多的红军拥到铁索上来，赶过去救火和更换桥板。没有多久，在安顺场过河的那个红军师也出现了，他们从侧面攻击残存的敌人阵地。白军一会儿就全跑了，也就是说，或者逃跑，或者投降红军；约有100名川军在这里放下武器，转而加入红军。一两个小时以后，整个红军兴高采烈地高歌迈进，跨过了大渡河，进入四川内地。蒋介石的飞机在高空中气愤而又无可奈何地咆哮着，红军则欣喜若狂地大声叫喊，向它们挑战。当共产党部队蜂拥过河时，这些飞机企图轰击铁索桥，但炸弹只不过在河里溅起了许多美丽的水花！

安顺场和泸定桥的英雄们，由于突出的英勇而被授予中国红军的最高奖章——红星奖章。后来我在宁夏见到他们之中的一些人。我对他们年岁之轻感到惊奇，因为他们全都在25岁以下。

四、过大草地

红军安然渡过大渡河以后，迅速进入了比较能有行动自由的四川西部，那里碉堡系统还没有建成，主动权在很大程度上操在红军手中。但是，战斗的困难，没有过去。前面还有2000英里的行军道路，中间分布着7条大山脉。

在大渡河以北，红军爬上了1.6万英尺高的大雪山，从它的空气稀薄的顶峰向西眺望，可以看见一片白雪皑皑的山峰组成的海洋——西康。这时已经是6月了，在低地上天气很暖，可是过大雪山的时候，许多衣服单薄、身体瘦弱的南方人，由于不适应高山气候而死亡。更难的是攀登荒无人烟的炮铜岗，实际上要自己开路才能上山。他们砍下大竹竿，把它们铺在弯弯曲曲、深与腰齐的泥泞地上，修成一条过道。毛泽东告诉我："在这个山峰上，有一个军团损失了 2/3 的驮畜。好几百人倒下去，再也爬不起来了。"

他们不断地爬山前进。第二个山脉是邛崃山脉，更多的人和牲口遭到损失。他们跨过了景色绚丽的梦笔山，接着又跨过了打鼓山，这两座山又使他们更多的人丧生。最后，1935 年 6 月 13 日①，他们进入了四川西北部的懋功地区，同第四方面军会合了。在这里他们终于停下来进行了较长时间的休整，清点了损失，整顿了队伍。

第一、第三、第五、第八和第九军团 9 个月以前从江西出发时，约有 9 万武装人员，到这时，集结在锤子镰刀旗帜下的不过 4.5 万人左右。减员并不都是由于死亡、散失或被俘。红军在湖南、贵州、云南行军途中，作为防御战术的一部分，把少数正规部队的干部留了下来，以便在农民中组织游击队，并在敌人侧翼进行扰乱和牵制活动。红军沿路散发了数以百计的缴获的枪支，这样从江西一直到四川一路上都出现了新的使南京感到麻烦的地区。那时贺龙仍旧保有湖南西北部的小小的苏区，而且萧克的军队已经到那里同他们会合了。许多新建立起来的游击队开始

---

① 原文误为 7 月 20 日。

缓慢地向那个地区靠拢。南京花了整整一年的时间也没有能把贺龙赶走，他只是在后来接到红军总司令部要他向四川转移的命令之后才被"赶走"的；他克服了许多惊人的障碍——经由西康——才完成这次转移。

江西红军迄此为止的行军，为他们提供很多可供思考的材料。红军赢得了许多新朋友，也结下了许多死仇。他们沿路"没收"地主、官僚、豪绅等富人的财物来解决了自己的给养。对穷人，他们是保护的。财政部长林祖涵告诉我，这次没收是依照苏维埃法律有组织地进行的，而且只有财政部的没收机构才有权分配没收的东西。财政部主管军队的资财，通过无线电收到有关没收情况的报告，并向长征部队的各个单位分配一定数量的给养。这个队伍往往成为长达50英里的长蛇形在山间蜿蜒行进。

有时有大量的"剩余"物资，多得红军都携带不了，这些东西就分配给当地的穷人。红军在云南曾经从有钱的批发商那里没收了成千只火腿，农民从周围好几里路的地方前来领一份不要钱的火腿——这是火腿业历史上一件新鲜的事情。他们还用同样办法分配了成吨成吨的食盐。在贵州，地主和官僚的很多养鸭场被没收，红军天天吃鸭子，吃得他们"简直见到鸭子就腻了"。红军从江西出发时从自己的银行里带来了南京的钞票、银圆和金、银条，路过穷苦的地区时，他们就用这钱购买所需要的东西。红军所到之处，地契烧毁了，捐税取消了，贫苦农民武装起来了。

红军人员告诉我，除了在四川西部的经历外，他们到处受到农民群众的欢迎。他们的名声早在他们来到以前就传开了，常常有被压迫的农民派人来请求红军绕道去"解放"他们的地区。他们对红军的政治纲领当然并没有多少认识；他们只知道红军是"穷人的军队"，这就够了。毛泽东笑着告诉我，有这么一个代表团跑来欢迎"苏维埃先生"！但是，这些庄稼人并不比福建军阀卢兴邦更无知，卢兴邦有一次在他的统治地区到处张贴布告，悬赏"缉拿苏维埃，不论死活"。卢宣布说，这个家伙到处为非作歹，必须处决。

在毛儿盖，从南方来到的红军休息了3个星期，在此期间，革命军事委员会、党和苏维埃政府的人员，讨论了今后的计划。这里可以追述一下，早在1933年春就在四川建立了根据地的红军第四方面军，最初是在鄂豫皖苏区创建起来的。它是在徐向前和张国焘这两个老共产党员的领导下从河南行军到四川的，下文还要提到他们。卓越的成就——和悲剧性的过火行为，标志着四方面军在四川的征战；整个四川北部曾经一度为他们所统治。当他们在懋功同从南方来的共产党人会合的时候，徐向前的军队约有5万人。所以，1935年7月，集中在四川西部的红军联合兵力将近有10万人。

在这里，这两支军队又分手了，一部分从南方来到的部队继续北上，其余的则和第四方面军一起留在四川。对于走哪一条路才是正确的问题，存在着意见分歧。张国焘等主张留在四川，打算在长江以南重振共产党的势力。毛泽东、朱德和政治局大多数人决心继续前往西北。这个犹豫不决的时期，由于两个因素而结束。第一个因素是蒋介石军队包围运动的迅速完成，他们从东面和北面进入四川，在两部分红军之间打进了一个楔子。第二个因素是四川的一条湍急的河流迅速上涨，这条河当时分割着两支军队，突然间它变得无法渡过了。此外还有党内斗争的其他因素掺杂其间，这里不去讨论了。

8月间，从江西来的红军主力，以第一军团为先遣部队，继续向北推进，朱德和刘伯承则留在张国焘那一路部队里。第四方面军在这里和西康又停留了一年之后，同贺龙的第二方面军会合，然后才开始了挺进甘肃的大行军。

1935年8月率领红军队伍向川西北边境的大草地前进的，是林彪、彭德怀、左权、陈赓、周恩来和毛泽东等指挥员以及江西中央政府的大部分官员和大多数党中央委员。他们在开始进行这最后阶段的长征时，约有3万人。摆在他们面前的是最危险和最惊心动魄的一段旅程，因为他们所选择的路线要通过藏族人部落和游牧的藏族人[①]所居住的荒凉地区，四川藏族人是川康一带的一个好战的部族。红军经过藏民的地区时，第一次遇见了联合起来对他们采取敌视态度的居民，他们在这一段路程中受到的苦难超过了以往任何时候。他们有钱也买不到吃的。他们有

_____

① 四川的藏族人当时从事农业的被称为蛮族，从事牧业的被称为西番人。

枪，可是对手是看不见的。当他们进入茂密的森林和越过十几条大河的源头的时候，这些部族人民就从红军行军路线的附近撤走，把自己房子里的东西搬空，带走一切吃的，把牲口和家禽赶到高地上去，整个地区简直不见人烟。

然而，在道路两旁几百公尺外，就很不安全。很多红军战士冒险出去弄一只羊来吃，就再也回不来了。山民埋伏在密林里狙击行进中的"入侵者"。他们爬到山上，等红军纵队通过既深又窄、有时只容一两个人牵手通过的岩石隘口的时候，就把大石头滚下来砸红军和他们的牲口。在这里，既没有解释"红军对少数民族的政策"的机会，也没有建立友好联盟的机会。藏民的女酋长，对于什么样的汉人都怀有不可调和的传统仇恨，认不清"红"和"白"的差别。她威胁说，谁要是帮助那些过路的人，就要把他活活烹死。

红军不用缴获的办法就无法得到食物，为了几头牛就不得不打仗。毛泽东告诉我，那时他们有一个说法："买一只羊，要一条命。"他们从藏民的地里收割青稞和甜菜、萝卜之类的蔬菜。据毛泽东说，这种萝卜很大，一个"够15个人吃"。他们就是依靠这样贫乏的给养走过大草地。毛泽东幽默地对我说："这是我们唯一的外债，将来我们一定要向藏民偿还我们不得不取自他们的给养。"红军只有俘虏了部族居民，才能找到在这地区带路的向导。但是，他们同这些向导交了朋友，其中很多人走出了民族地区以后继续跟着红军长征。有些人现在成了陕西党校的学员了，他们将来可能回到家乡去向人民说明"红"汉人和"白"汉人的区别。

在草地里走了十来天，还看不见人烟。在这个沼泽地里几乎一直不停地下雨。只有沿着给红军带路的当地山区居民才认识的错综复杂的狭窄小道走，才能穿过草地的中部。在这里红军又损失了不少人和牲口。很多人掉进这个神秘莫测的湿草之海里，一下子就陷下沼泽深处而没顶了，旁边的同志们救都没法救。这里没有柴火；他们不得不吃生青稞粒和生野菜。这里甚至没有遮荫的树木，而轻装的红军又没有带帐篷。一到晚上，大家就挤在捆起来的草丛下过夜，这起不了什么遮雨的作用。但是，红军还是胜利地经受住了这种种考验——至少要比那些追赶他们的白军强得多。这些白军迷了路，等到撤回去时只有很小一部分未受损失。

现在红军已到达甘肃边境。前面仍然有好多战斗等待着他们，其中任何一次战斗的失利都可能意味着决定性的失败。更多的南京军队和东北军、回族马家军集结于甘肃南部来堵截红军，但红军设法冲破了所有这些阻碍，并且在作战过程中从回族马家骑兵手里俘获了好几百匹马——有的人原来蛮有信心地预言这些骑兵会把红军一举消灭的。脚走痛了，人疲倦了，达到了人类所能忍受的极限，但红军最后终于进入了就在长城下面的陕北。1935 年 10 月 20 日，红军从江西出发一年以后，第一方面军的先头部队和红军第二十五军、第二十六军、第二十七军会合了，那后两个军①在1933年就已经在陕西建立了一个不大的苏维埃政权根据地。这时候红军留存下来的不到两万人，但他们可以安顿下来去领会他们所取得的成就的意义了。

关于长征的统计摘要②，给人印象很深刻。它表明，在路上几乎平均每天有一次小战斗，总共有15个整天从事于大规模的战斗。在路上的368天中，235天用于白天行军，18天用于夜间行军。在停留的100天中——其中有很多天打了小仗——有56天是在四川西北部度过的，在其余长达5000英里的路程中只休息了44天，即平均每走140英里才停留一次。平均每天的行程是71里，即将近24英里。一支大军带了辎重，以这样的平均速度通过世界上一些最艰险的地区，真是非凡的速度啊。

根据左权司令员提供给我的材料，红军总共爬过18座山脉——其中5座是终年积雪的，渡过了24条河流。他们经过11个省份③，占领过62个城镇。除了击败、避开或用谋略制胜南京政府派去攻打他们的各种部队以外，他们还打破了10省军阀军队的包围。他们进入并成功地通过了6个不同的少数民族地区，而且深入到多少年来汉人军队没有到过的地区。

---

① 原文误为那三个军。
② 载于《长征记录》。——斯诺注
③ 原文误为12个省。

不管人们对红军和红军在政治上所代表的事业有什么样的看法（这是大有争论余地的），谁都不可能否认他们的长征是军事史上的一个伟大业绩。在亚洲，只有蒙古族人超过他们。而近 300 年来，则除了斯文·海丁（Sven Hedin）在他所著的《帝王之城·热河》（Jehol, City of Emperors）一书中描述的"土尔扈特部的迁徙"（Flight of The Torgut）外，还没有发生过类似的举国武装大迁徙。与红军长征相比，汉尼拔（Hannibal）越过阿尔卑斯山简直是假日旅行而已。一个更有趣的对比是拿破仑从莫斯科败退，当时他的大军被完全击溃和陷于混乱。

　　毫无疑问，红军长征西北是一种战略退却，不能把它看成是溃败，因为共产党最后到达了他们的目的地，他们的核心没有遭到损失，士气和政治意志显然和以前一样坚强。共产党人自己宣称并且显然相信，他们是在挺进到抗日前线去，这是一个非常重要的心理因素，它有助于他们把一种有可能变成败坏士气的退却转变为斗志昂扬的胜利进军。历史随后表明，他们强调的无疑是长征的第二个基本理由挺进到有战略意义的西北去——是正确的。他们正确地预见到这个地区将对中国、日本和苏俄的当前命运起决定性的作用。这种巧妙的宣传，应被看成是一项卓越的政治战略。这在很大程度上导致了这次英勇的长征的成功。

　　从某种意义上说，这次大规模转移是历史上最大的武装宣传旅行。红军经过的省份，人口在 2 亿以上。他们在大小战斗的间隙，在每一个攻克的城镇里召开群众大会，举行戏剧演出，向富人多"征税"，解放了很多奴隶（其中有的参加了红军），宣传"自由、平等、民主"，没收"卖国贼"（官僚、大地主和税吏）的财产，并把他们的东西分给穷人。千百万农民看到了红军并且听到了红军的讲话，他们再也不怕红军了。共产党说明了他们土地革命的目的和抗日政策。他们武装了成千的农民，并且留下一些干部来训练红色游击队，这些游击队从此使南京的军队忙个不停。在这个漫长的可歌可泣的进军中，成千的人掉了队，可是另外却还有成千的人——农民、工人、学徒、奴隶、国民党军队的逃兵以及一切被剥夺了权利的人——参加了红军，补充了红军的队伍。

有一天会有人把这次惊心动魄的远征写成完整的史诗。现在我必须继续把我的故事讲下去，因为我们已经讲到共产党人在西北的会合了。我用毛泽东主席——一个既善于领导征战又善于写诗的叛逆者——写的一首关于这次6000英里长征的旧体诗作为结尾。

红军不怕远征难，万水千山只等闲。

五岭逶迤腾细浪，乌蒙磅礴走泥丸。

金沙水拍云崖暖，大渡桥横铁索寒。

更喜岷山千里雪，三军过后尽开颜。

论反对日本帝国主义

保安，1936 年 7 月 16 日

    1936 年 7 月初，我进入陕北苏区，希望能访问中国共产党的领导人，并且亲眼见识一下苏维埃政府与红军所建立的政权。红色区域目前已拥有陕西省北部的大部分地区，西兰公路以北甘肃省的事实上全部地区，包括富饶的黄河河谷，以及长城以南黄河以东宁夏省的大部分地区。此外，陕南、甘南、山西省西北角、绥远省①南部长城一带以及兰州以西的青海省都有红军游击队的小部队活动。

    目前的苏区是红军迄今占领过的最大的连成一片的土地。在红军的历史上，各路军队的高级指挥员第一次都集结在一个统一的地区里——朱德、彭德怀、肖克、罗炳辉、张国焘、徐向前、徐海东、贺龙、林彪、毛泽东和周恩来等人，全都集中在西北。

    我在红色中国呆了 4 个月。在这期间，我奔波于共产党控制的陕甘宁主要道路上，又到前线与红军共同生活了一个月。在临时首都保安，我访问了苏区大部分领导干部。我对中国中央苏维埃政府主席兼红军指挥官毛泽东的

---

① 旧省名。1954 年撤销，并入内蒙古自治区。

访问总是在夜间进行的，我们之间的谈话往往延续到深夜一两点钟。毛泽东睡得很晚，而且往往在后半夜从事他的最繁重的工作——这个习惯也许可以追溯到他早年做新闻工作的时候。我们的谈话非常长，范围也非常广，无法在这里全文发表。但是下面摘选出来的问答似乎对当前局势具有特殊的意义。

毛泽东懂一点英语，这是他在长沙师范学校（他是该校的毕业生）时学的，但是进行这些谈话时一个名叫吴黎平的留学生为我们当翻译，他是保安的一个年轻的苏维埃干部。我的访问记先是全部用英语写出，然后重新译成中文并由毛泽东校正，他以对细节的准确性要求很严而著称。①

我问：如果日本被打败，并被赶出中国，你是否认为外国帝国主义这个主要问题大体上在中国得到了解决？

毛泽东答：是的。如果别的帝国主义国家不像日本那样行动，如果中国打败了日本，这将意味着中国人民大众已经觉醒了，已经动员起来，并已取得了独立。因此，帝国主义的主要问题也就得到解决了。

问：中国苏维埃政府发表了许多呼吁和宣言，主张建立一个由各党各派和各方面的军队等等组成的统一战线，对日本帝国主义进行誓死斗争，把日本军队从中国赶出

---

① 这篇《论反对日本帝国主义》和下一篇《论统一战线》，最初斯诺是用"共产党领袖毛泽东访问记"的总题目一起发表的。在这总题目下，斯诺写了如上的一段说明。

去。它是否相信中国目前能单独打败日本——也就是说，在没有任何外国支援的条件下打败日本？

答：让我先提醒你，无论是中国还是日本都不是孤立的国家；东方的和平与战争问题是一个世界性问题。日本有它潜在的盟国——例如德国与意大利。中国想要成功地反对日本，也必须争取别国的支援。但是，这并非说，没有外援，中国就无法和日本进行战争。也不是说，我们必须等到有了同外国的联盟才能开始抗日。

中国蕴藏着极其巨大的潜力，这些力量，在一个伟大的斗争的时期是能够组织起来投到强大的抗日战线上去的。在1927年以来反革命发动的长期内战中，中国人民早已对这股力量有了很多认识，并且找到了一个依靠共产党来领导它斗争的好办法。中国人民大众在其长期的政治经验中，已经掌握了反对敌人的非常有效的武器。

今天，特别是从1931年9月18日以来卖国贼的欺骗宣传已经破产了，已经没有什么人会上他们的当了。人民群众越来越清楚地认识到是谁代表他们的真正利益。连某些国民党员都已经参加、或是打算参加抗日运动了。

我们深信，中国人民是不会向日本帝国主义屈服的。我们深信他们会把他们的巨大潜力动员起来，投到抗日的战场上去的，他们会全力以赴地去对付侵略者的挑战。在这场斗争中，最后胜利必定属于中国人民。如果中国单独作战，相对地说，牺牲就会大些，战争的时间也会拖得长些，因为日本是一个充分武装的强国，而且还会有它的盟国。为了在尽可能短的时期内以最小的代价赢得对日本帝国主义的胜利，中国必须首先实现国内的统一战线，其次，还必须努力把这条统一战线推广到包括所有与太平洋地区和平有利害关系的国家。

问：在什么条件下，中国能战胜并消灭日本帝国主义的实力呢？

答：要有三个条件：第一是中国抗日统一战线的完成；第二是国际抗日统一战线的完成；第三是日本国内人民和日本殖民地人民的革命运动的兴起。就中国人民的立场来说，三个条件中，中国人民的大联合是主要的。

问：你想，这个战争要延长多久呢？

答：要看中国抗日统一战线的实力和中日两国其他许多决定的因素如何而定。即是说，除了主要地看中国自己的力量之外，国际间所给中国的援助和日本国内革命的援助也很有关系。如果中国抗日统一战线有力地发展起来，横的方面和纵的方面都有效地组织起来，如果认清日本帝国主义威胁他们自己利益的各国政府和各国人民能给中国以必要的援助，如果日本的革命起来得快，则这次战争将迅速结束，中国将迅速胜利。如果这些条件不能很快实现，战争就要延长。但结果还是一样，日本必败，中国必胜。只是牺牲会大，要经过一个很痛苦的时期。

问：从政治上和军事上来看，你以为这个战争的前途会要如何发展？

答：日本的大陆政策已经确定了，那些以为同日本妥协，再牺牲一些中国的领土主权就能够停止日本进攻的人们，他们的想法只是一种幻想。我们确切地知道，就是扬子江下游和南方各港口，都已经包括在日本帝国主义的大陆政策之内。并且日本还想占领菲律宾、暹罗、越南、马来半岛和荷属东印度，把外国和中国切开，独占西南太平洋。这又是日本的海洋政策。在这样的时期，中国无疑地要处于极端困难的地位。可是大多数中国人相信，这种困难是能够克服的；只有各大商埠的富人是失败论者，因为他们害怕损失财产。有许多人想，一旦中国海岸被日本封锁，中国就不能继续作战。这是废话。为反驳他们，我们不妨举出红军的战争史。在抗日战争中，中国所占的优势，比内战时红军的地位强得多。中国是一个庞大的国家，就是日本能占领中国1万万至2万万人口的区域，我们离战败还很远呢。我们仍然有很大的力量同日本作战，而日本在整个战争中须得时时在其后方作防御战。中国经济的不统一、不平衡，对于抗日战争反而有利。例如将上海和中国其他地方割断，对于中国的损害，绝没有将纽约和美国其他地方割断对于美国的损害那样严重。日本就是把中国沿海封锁，中国的西北、西南和西部，它是无法封锁的。所以问题的中心点还是中国全体人民团结起来，树立举国一致的抗日阵线。这是我们早就提出了的。

问：如果发生中日战争，你认为日本会发生革命吗？

答：日本人民的革命，不仅是可能的，而且是肯定的。它是不可避免的。

问：你认为苏俄与外蒙会卷入这场战争并支援中国吗？在什么情况之下会这样？

答：当然，苏联也不是一个孤立的国家。它不能对远东的事态漠不关心，采取消极的态度。它会坐视日本征服全中国，把中国变成进攻苏联的战略基地呢，还是会帮助中国人民反对日本侵略者，赢得独立，与苏联人民建立友好的关系呢？我们认为苏联是会选择后一条道路的。

一旦中国人民有了自己的政府，开始抗战，并且愿意与苏联和其他友好国家建立友好同盟，我们相信，苏联将会站在与我们握手的国家的前列。反对日本帝国主义的斗争是一个世界性的任务，作为世界一部分的苏联和英美一样，是无法继续保持中立的。

问：中国的迫切任务是从日本手中收复所有的失地呢，还是仅仅把日本从华北与长城以外的中国领土上赶出去？

答：中国的迫切任务是收复所有失地，而不仅仅是保卫我们在长城以南的主权。这就是说，东北必须收复。这一点同样适用于台湾。至于内蒙，那是汉族与蒙族人民共同居住的地区，我们要努力把日本从内蒙赶出去，帮助内蒙建立自治。当我们光复中国的失地之后，如果朝鲜人民希望挣脱日本帝国主义的枷锁，我们将对他们的独立斗争提供热情的援助。

问：假如战争拖得很长，日本没有完全战败，共产党能否同意讲和，并承认日本统治东北？

答：不能。中国共产党和全国人民一样，不容许日本保留中国的寸土。

问：在实际行动中，共产党政府和红军怎么能与国民党军队合作共同抗日呢？就是说，在一场对外战争中，必须将所有的中国军队置于统一的指挥之下。如果红军在最高军事委员会中享有代表权，红军同意服从最高军事委员会的军事和政治决定吗？

答：是的。只要这样一个委员会是真正抗日的，我们的政府将衷心服从它的决定。

问：红军是否同意除非得到最高军事委员会的同意或命令，不把它的部队开进国民党军队占领的地区，也不调动它的部队指向这些地区？

答：是的。我们当然不会把我们的军队开进抗日军队占领的任何地区去——一段时期以来，我们也没有这样做过。红军是不会采取机会主义的办法来利用任何战争局势的。

问：作为这种合作的报答，共产党会提出什么要求呢？

答：共产党会坚持要求对日本的侵略展开决定性的、最后的抗战。此外，它还会要求实施我们在建立民主共和国与国防政府的呼吁中所提出的主张。（苏维埃政府和红军最近向国民党发出的几个宣言中论述了这些主张。——斯诺）

114

问：为了进行抗日战争，红军需要多大的基地，需要外界的多少支援？

答：不论基地大小，红军都能进行战争。但是，基地越大，它能动员的抗日力量自然也就越强大。如果我们有三四个省，我们就能把一支比南京的全部兵力还要大，还更有效率的抗日队伍投入到战争中去。至于外援，我们非常需要，而且越多越好，但是即使没有任何外援，我们也能对付得很好。在没有任何援助的情况下，我们已经进行了10年的革命斗争了。

问：怎样才能最好地武装、组织和训练人民，使他们参加到这样一场战争中来呢？

答：人民必须享有组织与武装自己的权利。在北平、上海和其他地方，尽管有严厉的镇压，学生们已经开始组织起来，并使自己在政治上有了准备。但学生与革命的抗日群众仍然没有自由，不能得到动员、训练和武装。如果情况与此相反，人民群众能享有经济、社会与政治的自由，那么他们的力量将能成百倍地增长，国家的真正力量将显示出来。

红军通过自己的斗争，从军阀手中赢得了自由，成为一支不可战胜的力量。抗日义勇军从日本压迫者手中赢得了自由，并以同样的方式武装了自己。如果中国人民都得到训练、武装和组织，他们也同样能成为一支战无不胜的力量。

问：照你的意见，这次解放战争，主要的战略方针是什么？

答：我们的战略方针，应该是使用我们的主力在很长的变动不定的战线上作战。中国军队要胜利，必须在广阔的战场上进行高度的运动战，迅速地前进和迅速地后退，迅速地集中和迅速地分散。这就是大规模的运动战，而不是深沟高垒、层层设防、专靠防御工事的阵地战。这并不是说要放弃一切重要的军事地点，对于这些地点，只要有利，就应配置阵地战。但是转换全局的战略方针，必须是运动战。阵地战虽也必需，但是属于辅助性质的第二种的方针。在地理上，战场这样广大，我们作最有效的运动战，是可能的。日军遇到我军的猛烈活动，必得谨慎。他们的战争机构很笨重，行动很慢，效力有限。如果我们集中兵力在一个狭小的阵地上作消耗战的抵抗，将使我军失掉地理上和经济组织上的有利条件，犯阿比西尼亚的错误。战争的前期，我们要避免一切大的决战，要先用运动战逐渐地破坏敌人军队的精神和战斗力。

除了调动有训练的军队进行运动战之外，还要在农民中组织很多的游击队。须知东三省的抗日义勇军，仅仅是表示了全国农民所能动员抗战的潜伏力量的一小部分。中国农民有很大的潜力，只要组织和指挥得当，能使日本军队一天忙碌24小时，使之疲于奔命。必须记住这个战争是在中国打的，这就是说，日军要完全被敌对的中国人所包围；日军要被迫运来他们所需的军用品，而且要自己看守；他们要用重兵去保护交通线，时时谨防袭击；另外，还要有一大部力量驻扎满洲和日本内地。

在战争的过程中，中国能俘虏许多的日本兵，夺取许多的武器弹药来武装自己；同时，争取外国的援助，使中国军队的装备逐渐加强起来。因此，中国能够在战争的后期从事阵地战，对于日本的占领地进行阵地的攻击。这样，日本在中国抗战的长期消耗下，它的经济行将崩溃；在无数战争的消磨中，它的士气行将颓靡。中国方面，则抗战的潜力一天一天地奔腾高涨，大批的革命民众不断地倾注到前线去，为自由而战争。所有这些因素和其他的因素配合起来，就使我们能够对日本占领地的堡垒和根据地，作最后的致命的攻击，驱逐日本侵略军出中国。

被我们俘虏和解除武装的日军官兵将受到优待。我们不会杀死他们，而是会像兄弟那样对待他们。我们将采取一切措施使得与我们并无冲突的日本无产阶级出身的士兵站起来反对他们自己的法西斯压迫者。我们的口号将是："团结起来，反对共同的压迫者法西斯头子"。反法西斯的日本军队是我们的朋友，我们彼此的目的是一致的。

论统一战线

保安，1936 年 9 月 23 日

问：能否请你解释一下共产党的统一战线政策以及它对国民党政府态度的改变。

答：有三个主要因素使我们决定最近的宣言中所公布的政策。（这个宣言 8 月 25 日在保安发表，通知了国民党。——斯诺）

首先是日本侵略的严重性：它日益加剧，造成那么大的威胁，以致所有的中国军队必须在它面前团结起来。除了共产党以外，我们当然承认中国其他党派和军队的存在，而其中最强大的是国民党。如果不合作，我们现有的力量要进行抗日战争是不够的。南京必须参加。国民党和共产党是中国两个主要的政治力量，如果他们现在继续打内战，其结果是对抗日运动不利的。

第二，从去年（1935 年）8 月以来，共产党通过发表宣言，一直在呼吁全中国各党派团结抗日，对于这个纲领，人民群众的反应是赞同的。今天，中国人民和许多爱国官员，都热切盼望两党为了民族救亡的目标团结起来。他们热切希望结束内战。这一点不实现，抗日运动就会遇到极大的障碍。

第三，即使在国民党内部，现在也有许多爱国人士赞成和共产党重新联合。今天，即使在南京政府及其军队内部，也有某些抗日分子鉴于民族的危急存亡，准备实行联合。

以上这些就是当前中国形势的主要特点。由于有这些特点，我们必须重新仔细地考虑能够使民族解放运动的这种合作成为可能的具体方案。事实上，这种方案已经在我们最近和国民党的谈判中提出来了。我们所坚持的团结的基点是民族解放的抗日原则。为了实现这个原则，我们认为必须建立民主共和国，建立国防民主政府。它的主要任务应该是：一、抵抗外国侵略者，二、给广大人民以民主权利，三、加速发展国民经济。

这样一个纲领符合当前人民的意愿，并将得到人民的一致拥护，苏维埃政府赞成建立这样一个统一的人民民主政府的理由也即在此。

我们将支持成立一个有国会的代议制政府，一个抗日救亡的政府——一个保护和支持一切人民爱国力量的政府。如果这样一个共和国成立了，苏维埃政府将成为它的一部分。我们的地区将和国内其他地区一样，采取同样的措施以建立民主的代议制政府。

问：这是不是说，这样一个政府的法律在苏区也同样有效？

答：是的。

问：这是不是说，苏区的现行法律，特别是有关土地问题的法律，将被废除？

答：如果同南京政府建立了统一战线，这个问题是很容易解决的。

当然，我们知道日本与中国的亲日派会强烈地反对这个纲领。这个纲领的原则是和他们的利益直接冲突的。但是中国人民将会欢迎这个纲领，我们相信他们将进行斗争以促其实现。每一个有良心的人一定会看到，如果不这样做（即，如果不建立统一战线，内战继续下去。——斯诺)，就要被日本帝国主义征服，中国人民就要灭亡。

我们知道，一部分国民党人已在反对进一步向日本人屈服。正如在我们自己的工人和农民中一样，在广大人民中，在各阶层中，在军人、科学家、学生、商人、警察和自由职业者中，已经出现了有组织的抗日爱国团体，我们衷心希望同这些团体携手合作。我们希望这些人士将会组成一个联合的力量去压倒亲日派的影响。我们希望这些人士将会帮助恢复并再次实现孙中山在大革命时代实行的基本原则，即：一、联合苏联与一切平等待我的国家；二、联合中国共产党；三、保护中国劳动阶级的根本利益。我们希望这些人士将能帮助实现孙中山的遗嘱，反对日本帝国主义。

如果这样的运动在国民党中发展起来，我们准备同它合作，给予支持，并同它组成一条反帝统一战线，就像1925年—1927年存在过的统一战线那样。我们深信这是救国的唯一途径。如果这样的纲领实现了，我们是不必惧怕日本的。日本帝国主义是无法打败真正团结、武装和组织起来的中国人民的。

不过，与此同时，日本也在打算组成它自己的反共战线。对于中国人民来说，这实际上是一条灭亡中国的战线。我们要建立一条民族解放战线，它的成功将意味着抗日斗争的胜利，这个胜利，归根到底，也就是世界和平的胜利。因为只有获得这样的胜利，中国人民才能和世界上所有的自由人民并肩前进。

问：你所说的代议制政府的确切涵义是什么？例如，在选举权方面，你将坚持什么样的最低条件呢？

答：选举权应该是普遍的，不受财产、社会地位、教育程度和性别的限制。

问：如果南京接受这样的纲领，红军将同意改变它的名称，并服从南京的上级命令吗？

答：我们承认（在早先一次访问中已提到过），在一场抵抗日本的战争中，全国军队必须有一个统一的指挥，但是我们也认为军事委员会应该是有代表性的。应该强调指出：这一点只有在成立抗日民族解放战线的基础上才有可能实现。有些国民党分子也在谈什么"统一"，但是却不支持民族解放和反帝运动。实际上很清楚，没有真正的反帝斗争就没有国家的统一。

至于红军换不换名称，要视重新联合的情况而定。

问：这一新政策是否意味着共产党承认，必须首先实现民族解放，然后才能完成阶级革命？

答：在现阶段，必须将反帝运动进行到底，这是共产党目前的而且也是历来一贯的原则。所以，从根本上说，我们强调抗日民族斗争并不是什么新的论点。同时，正如我们所已经指出的，我们相信，只有同时实现被压迫农民的解放和孙中山的第三条原则，即保护劳动者的利益，抗日运动才能有效地开展。

问：统一战线的政策是否意味着共产党愿意放弃，或者无限期地推迟执行没收地主土地并将其重新分给贫穷、无地的农民的政策？

答：这也要取决于抗日运动的发展。不过，我们深信，如果不减轻农民的负担，抗日的纲领是无法实现的。土地革命，正如你知道的，是资产阶级性质的革命。它有利于资本主义的发展。我们并不反对目前在中国发展资本主义，我们反对的是帝国主义。这一原则是符合国内一切民主人士的要求的，我们衷心支持它。

问：在这个基础上实现的统一战线，是不是实际上意味着立即向日本宣战？

答：是的。很可能是今天宣布联合，明天就会爆发战争。

在我和各方面的苏维埃的官员交谈中，他们向我保证，苏维埃政府可能同意改变苏维埃和红军的名称。在红军的旗帜上，它的名称已由"工农红军"改为"中国人民抗日先锋红军"。在非正式的"红—白"谈判中已提出，苏维埃地区可能改称为"试验区"或"特别行政区"。总的看来，共产党人似愿在名称方面作这样的修改以利于达成协议，但不会从根本上影响共产党和红军的独立作用。共产党显然不会坚持参加建议成立的"民主共和国"的内阁。他们准备遵守它的纪律。对举行普选这一点也许不会坚持。他们的中心要求将是保证公民自由权，保证言论、出版和集会自由的权利，以及释放政治犯。毛泽东也向我保证，共产党将同意不组织违反民族救亡统一战线原则的群众运动，不"推动"阶级斗争。——斯诺

北平，1936 年 11 月 5 日

（译自上海《密勒氏评论报》〔The China Weekly Review〕
1936 年 11 月 14 日）

中国共产党和世界事务

1936 年 7 月初，我到了中国西北部的中华苏维埃地区，研究共产党及其有多年历史的红军所建立的政权。当时的苏区包括陕北地区的大部分，西安——兰州公路以北、黄河以东的甘肃部分，以及长城以南、黄河以东的宁夏部分。今天红色区域的范围，大致如此。

我在陕甘宁同共产党相处了近 4 个月，我还在前线同红军生活了一个月。在陕北的保安——当时苏维埃的"临时首都"——我会见了大部分共产党领导人，并同中央苏维埃政府主席毛泽东谈了很多晚上。下面这篇谈话是我们一系列谈话——其中有些已经发表了——中的一部分。谈话先是全部用英文写出，之后在毛的要求下重新译成中文，再经他审阅通过。因此，它应该不会有多大错误的。

我问：苏维埃政府对资本主义国家的总政策是什么？

毛泽东答：在讨论政策问题时，我必须请你经常记住，中国人民今天面对的根本问题是同日本帝国主义的斗争。我们苏维埃的对外政策肯定受到这一斗争的制约。日本军阀想征服全中国，使中国人民成为他们的殖民地奴隶。反对日本侵略，反对日本军事和经济侵略的斗争——

这些主要任务是我们在分析苏维埃政策时不能忘掉的。

日本侵略不仅威胁中国，而且也威胁世界和平，尤其是太平洋的和平。日本帝国主义不仅是中国的敌人，同时也是要求和平的世界各国人民的敌人，特别是和太平洋有利害关系的各国，即美、英、法、苏等国的人民的敌人。日本的大陆政策和海洋政策不仅指向中国，而且也指向这些国家。

这样，日本的侵略就不仅是中国的问题，而且是应由太平洋地区所有国家来对付的问题。中国苏维埃和中国人民因此要同各国、各国人民、各党派和各群众组织团结起来，组成反对日本帝国主义的统一战线。

我们期望于外国的是什么呢？我们至少期望各友好国家不要帮助日本帝国主义，至少采取中立的立场。我们希望它们积极援助中国抵抗侵略和征服。

问：苏维埃政府如何区别友好国家和帝国主义国家？

答：关于帝国主义问题，一般说来，我们看到列强中有的表示不愿参加一场新的世界大战，有的不愿看到日本占领中国：像美国、英国、法国、荷兰和比利时这些国家。其次是一些长期处于侵略成性的强国威胁之下的国家和较小的民族、自治领、殖民地、半殖民地等，如暹罗、菲律宾、中美各国、加拿大、印度、澳大利亚、荷属东印度等等，或多或少都受到日本威胁。我们把它们看作自己的朋友，请它们同我们合作。至于奉行和平方针、无意于征服或剥削任何国家的苏联，自然是我们的好朋友。

因此，除了日本以及那些帮助日本帝国主义的国家，上述各种类型的国家（反战国家、殖民地和半殖民地国家、社会主义国家）能够组成一个反侵略、反战、反法西斯的世界联盟。

上述各种类型的国家中，凡是愿意参加这个共同战线的，都将作为友好国家受到我们的欢迎，不管它在促使这条共同战线成为反对侵略者的有效武器方面能作出多大贡献。

只有当南京决心抵抗日本帝国主义并同人民革命联合起来组织民主的国防政府时，只有到那时，这种援助才能对中华民族真正有益。援助可以从两个方面体现：（1）向中国抗日力量提供信贷和借款，出售军需品和飞机；（2）或在抗战实际开始时对日本进行封锁。如果美国和英国能够提供这样的援助，中国人民同美国人民和英国人民之间将会建立起最牢固的友谊和同情。

问：苏维埃政府是否承认北京政府和南京政府缔结的对外条约？如果承认，是哪些条约？

答：日本人事实上已在破坏这些条约。他们通过对东北的军事占领，在华北走私，以及各种非法活动，正在逐步破坏这些条约。尤其在东北，我们可以看到各国丧失其条约地位。正常的商务和外贸正在被日本破坏。因此，如果其他国家想同中国保持和平的通商关系，就必须制止日本，因为它们目前尚保有的贸易权利主要是受到了日本的威胁。

别国政府可能要问："你们对于我们同以前的中国政府签订的条约采取什么态度？"

对于这个问题，我们的回答是明确的。什么更为迫切？是修改条约，还是民族救亡？显然，对我们来说更为重要的是抗日，因此苏维埃政府和中国人民将把主要力量集中在这个任务上。

可能会产生这样的问题："假如苏维埃政府打败日本，收复中国失去的省份，重新建立中国的主权，到那时它对类如治外法权这样的问题将采取什么态度？"

对此我们可以回答说：到那时候，如果有一个中国人民政府而苏维埃是其一部分的话，我们将力主根据这些国家战时的表现来制订政策。那些曾在中国的独立和解放战争中给予援助或未曾反华的国家可以享有同中国亲密友好和互利的关系。积极协助过日本的那些国家当然不会得到同样的待遇：例如，已同"满洲国"建立特殊关系的德国，就不能被认为是一个同中国人民友好的国家。

如果中国真正赢得了独立，外国人在中国的合法贸易利益将会有比过去更多的机会。4亿5千万人民的生产和消费能力不仅仅是中国人才会对它关心的事情，而且能吸引许多国家。我国几亿人民一旦真正得到解放，他们巨大的生产潜力一旦被解放出来，并被用于各个领域的创造性活动，就能促进经济发展，提高全世界的文化水平。但是，中国人民的生产力过去几乎连动都没有动；相反地，却受到了压制——受到本国军阀和外国帝国主义，特别是日本帝国主义的压制。

在我们赢得独立之后，中国将同友好国家商订互助、互利和互相同意的条约。对于日本，我们现在只有一种办法，武装抵抗的办法。但是同其他国家，中国准备进行规模比现在更大的合作，并第一次在互相尊重的基础上同它们建立这样的关系。至于日本，中国必须通过解放战争废除一切不平等条约，没收日本帝国主义的一切财产，取消日本在我国的一切特权、租界和政治势力——包括像"何梅协定"、"上海停战协定"、"塘沽协定"和各种反共公约等等为全中国人民所反对的"条约"。

在同其他国家的关系方面，我们共产党人不赞成任何可能使中国在抵抗日本帝国主义的斗争中处于不利的国际地位的步骤。

问：你们的政府是否承认外国在中国的财产权，也就是说是否承认现有的外国投资？如不全部承认，那末哪些类别的外国投资将得到承认，在什么情况下外国商人能够在中国经营？

答：苏维埃政府欢迎外国资本的投资。中国过去未能利用外国资本使中国人真正得到好处。外国资本给群众带来很少好处，或者根本没有好处。只有在中国取得真正的独立和民主之后，才有可能把大量外资用于大规模地发展生产事业。也只有自由的中国，由于生产性经济的广泛发展，才能够偿还这种外国投资的本金和利息。

合法的外债将得到承认。凡是为建设目的和用于建设的外债，我们都将认为是合法的。我们将不承认任何"政治借款"，也不承认任何用于打内战、打红军或其用途违背整个中国人民利益的借款。我们将承认用于建设铁路、电讯、无线电、航空线、发展工业或农业、救济灾荒等等的借款。

问：关于（甲）外国政治权利和（乙）外国投资，苏维埃政府的政策同国民党的政策有什么基本不同？

答：国民党将其外债主要用于进行军阀内战或打红军，或者把钱浪费在其他愚蠢的行动上。它的借款给中国的政治主权造成更大的损失。人民政府如果建立起来，外国借款和外国投资应就只能被用来发展中国经济生活中的基本生产能力——特别是在全国范围内建设基础工业和引进科学的农业方法和农业组织。同南京的政策相反，对影响中国独立政治权利的外国投资，一概不予承认。

问：苏维埃对外国传教士的新政策是否意味着将承认他们的财产权？他们是否将继续享有传教、教书、拥有土地、办学校和其他事业的权利？

答：是的。但这不包括日本传教士。

问：苏维埃政府目前对美国政府和美国人民的希望是什么？美国政府和人民怎样才能最好地帮助中国人民？

答：我们认为美国人民和美国政府对中国是有远见的，形势注定美国政府要对中国和日本的未来起非常积极的作用。我们希望并且相信，他们将同中国人民结成统一战线以反对日本帝国主义及日本所代表的法西斯战线。这是他们目前能帮助中国的最好办法。许多美国人民自己组织起来，成立"中国人民之友"、"太平洋关系学会"、"泛太平洋协会"、"中国学会"等等，表达了他们对中国的感情，证明了他们对中国人民的真正同情。我们以全体中国人民的名义对"中国人民之友"的慷慨援助和支持特别表示感谢。

但是也有一些目光短浅的美国政治家以为中国的灭亡与他们无关。我们共产党人认为这是一种对于实际情况的错误认识，实际情况是美国的东方利益同抵抗日本帝国主义紧密连结在一起。这些人提倡孤立政策。但是随着历史面貌的进一步暴露，我们相信他们会放弃"孤立主义"政策，美国将觉悟到它在太平洋的真正责任是同直接威胁美国理想和利益的日本帝国主义作斗争。

问：苏维埃政府目前对英国政府和英国人民的希望是什么？英国政府和英国人民怎样才能最好地帮助中国人民？

答：我们对英国人民的态度同对美国人民的态度差不多。英国人民中也有类似"中国人民之友"的社团。我们尊敬并欢迎这种真正同情中国人民的英国朋友。

十分清楚，英国政治家中有一派过去采取了错误的政策。英国政府奉行的政策实际上使得日本占领中国领土成为可能，即使它在事实上没有鼓励日本这样做。英国政府似乎要采取新的策略，但看来它还没有足够的勇气在世界的这一部分贯彻它的信念。英国如继续动摇并像过去那样采取观望政策，如继续乞求日本的"合作"，那将对英国毫无好处。日本帝国主义的面目已经一清二楚。对英国来说，它不是一张友善的面孔，而是破坏的形象。

问：很多人认为中国如果苏维埃化，苏维埃中国将受到苏联的支配，其内外政策将置于"莫斯科控制"之下。

答：大家都知道，法西斯宣传中包含的真实性是如此之微小，肉眼几乎无法看到。当墨索里尼要征服阿比西尼亚时，他宣称他在解放非洲的奴隶。当希特勒在欧洲发动侵略时，他对德国人民说光荣胜于面包，对欧洲人民则说他是一个和平爱好者。日本军阀在吞并东北时也说，他们是在解放中国人民。

现在，如你所说，法西斯分子正在叫嚣"莫斯科控制中国"。如果这一切都属实，那末造一条铁路通往火星并向威尔斯（H.G.Wells）先生买一张火车票也就全都可能了。

不管法西斯宣传多么愚蠢，少数人还是受了骗。因此有必要指出其根本的虚假性。由于中国现在谋求同苏联订立一个条约，法西斯分子就断言俄国企图"收买"中国。如果这样，那法国早已是莫斯科的一块殖民地了——欧洲其他几个同苏联签订条约的国家也都如此了。

事实上，法西斯分子的这个"逻辑"表明了他们自己要建立世界帝国的欲望——就像日本在东北和华北的行动，意大利在阿比西尼亚的行动等等。他们不能设想两国人民之间除了一个要吞掉另一个之外还有任何其他接触的基础。希特勒在欧洲某些部分的行动，日本在东亚的行动，意大利在非洲和西班牙的行动——其中的每一个行动，可以说都不仅是法西斯控制的威胁而且是确确实实的"法西斯控制"。但在这些地区和世界任何其他地方，我们都没有看到"莫斯科控制"的任何迹象。

可是，历史的发展毕竟将是另外一个样子。随着中国革命的胜利，中国人民将能够把俄国人民当作真正的兄弟来欢迎，正如他们能把其他国家的自由人民当作同自己真正平等的人来欢迎一样。中国人民不仅同苏联，而且将同一切以平等待我之民族建立友好关系，并同它们联合起来反对企图阻止历史前进的法西斯国家。

日本人现在叫嚷凡是反对日本帝国主义的就是共产党。但全体中国人民，除极少数卖国贼之外，都坚定不移地反对日本帝国主义。因此，在中国人民看来，如果共产主义意味着抗日，意味着民族解放斗争，那末大多数中国人民就不怕这样的共产主义，只有在汉奸卖国贼的噩梦里才存在所谓的"赤色威胁"。相反，全民族迫切需要这样的共产主义，正如饥饿的人需要大米一样。

假如你认为共产主义对中国人民是个"威胁"，你就去找一位日本将领，问问他的意见。他将告诉你，共产主义在中国意味着民族解放运动、自由和民族主权，这正是他所以要求同南京缔结条约来反对它的原因。但是，如果共产主义意味着这个，中国人民所要的就正是这个。中国人民不怕这样的运动，因为这恰恰是他们所要求的。他们将高呼："解放了的中国人民万岁！一个自由、团结、自主和完整的中国万岁！"

斯大林在同一个美国记者的一次谈话中说："革命不能输出。"同样正确的是，革命也不能输入。中国人民为了生存，自然要采用反对日本的最好办法。

在共产国际的所有决定或在苏联的宪法中，我们找不出苏联统治苏维埃中国的任何规定。这样的事在共产主义的全部历史中当然也从未讨论过。但是，我们不用到远处去找，就在我们的邻国法西斯日本，就能看到对中国实行法西斯统治的十分具体的计划。

我们从历史事实中可以知道，苏联以完全平等和真诚的态度帮助一切被压迫民族和人民。我们知道，它不企图从任何其他国家取得一寸领土或一个人。

问："中华苏维埃政府"主张同外国组成一个反帝、反法西斯联盟。中国是否可能同民主的资本主义国家建立这样的联盟？

答：反法西斯联盟的性质是和平联盟，是为了共同抵抗那些发动战争的国家。中国若与苏联缔结条约，那必然是因为法西斯日本既是中国也是苏联的敌人。"共同保卫和平"是现有法苏条约的根本基础。它也可以成为类似的太平洋各国抗日条约的基础。

中国同资本主义民主国家缔结反法西斯条约是完全可能和合乎需要的。参加反法西斯战线以实行自卫，是符合这些国家的利益的。

摆在各国面前的一个问题是：中国将完全殖民地化，还是抵抗侵略者并成为一个主权国家。在后一种情况下，外国与中国合作的机会将非常之多，因为中国将获得自由，中国人民将成为独立的人民，有独立的经济、文化和政治组织。这样的中国将永远是世界上一支伟大的有益的力量，将是正义事业和世界文化发展的同盟军；任何国家都不能对这样一个中国的影响漠然置之。

但是，如果中国完全殖民地化，太平洋的未来就真是一片黑暗了。这将不仅意味着中国独立的毁灭，也将意味着太平洋沿岸各国人民和文化遭到毁灭的威胁，将是一长串可怕的、愚蠢的战争的开始。

必须作出抉择。中国人民自己将走同压迫者进行斗争的道路，我们希望外国的政治家和人民也将同我们一起在这条道路上迈进，而不要走帝国主义血腥历史铺设的黑暗小道。

因而，在这个基础上，你听到我们苏维埃中国的人民在高呼："各国人民联合起来！抵抗日本法西斯主义的侵略和压迫！"

我们相信这种联合实际上可以实现，因为我们找不到正当的理由认为它不符合太平洋地区一切真诚要求和平和互相友好的文明人类的心愿。

（原载美国《美亚》〔Amerasia〕杂志 1937 年 8 月号）

1939 年的谈话

统一战线和政策问题

我问：国民党对抗日战争的政治基础的说法，同共产党的说法似乎有些矛盾。共产党一再强调，统一战线是这个战争的政治基础（见毛泽东《论持久战》、《论新阶段》等），但是这个词在国民党的文件和谈话里却没有地位。在国民党看来，战争的政治基础是共产党和所有其他党派服从于国民党的独裁。

例如，在重庆我采访了张群将军，问过他对这一点的意见。他说，谈不到什么统一战线，中国只有一个合法政党，一个合法政府，这就是国民党。"边区政府"是完全非法的，最终会被消灭。蒋鼎文将军在西安对我说了同样的话。他说，在中国除国民党外没有旁的合法政党。共产党在同委员长达成协议后，就"不复存在了"。因此谈不上什么统一战线。共产党在中国没有任何合法地位，虽然前共产党人，作为国民党军队的一部分，有权维持一些办事处和仓库。去年陈立夫讲的也是差不多一样的话。

蒋介石委员长最近对一个德国记者说，"中国一个共产党也不剩了"，这显然否认了共产党的合法存在，因此也否定了统一战线的概念。

你对这些说法有何答复？统一战线的合法基础在哪里？共产党的合法基础在哪里？一个党否认另一个党的存在，还可能存在这两个党之间的名义上的统一战线吗？

毛泽东答：统一战线已经存在一个时候了。在人民的心中，在他们的谈话里，他们承认不仅存在名义上的统一战线，而且存在实际上的统一战线。但是有那么一小撮人，他们事实上不得不承认统一战线，而在口头上企图否认统一战线。我们叫这些人阿Q主义者，他们的手段是阿Q主义。

在鲁迅著名的《阿Q正传》里，阿Q总是做错事，却自命为一贯正确。你不相信，就去读读这部小说。有一派人企图无视事实，像阿Q，也像希特勒。你知道，不久前希特勒说，苏联只是一个名字，他认为世界上其实没有这样一个国家。可是过了一会儿，希特勒受了一点教育，有了一点进步。在1939年8月23日，希特勒不仅发现了名义上存在的苏联，而且发现了现实存在的苏联。(他和苏联签订了互不侵犯条约。——斯诺注)

中国的阿Q主义者中间，有许多人也会进步的。如果今天他们还否认统一战线的存在，今后他们很可能会承认这个现实。

最近我碰到一个老国民党党员张继（他作为赴各战线

慰问团的团员访问了延安）。他并不否认存在统一战线，也不否认存在共产党。可能有些国民党党员只是在面前没有共产党人时否认存在共产党。也许他们以为，只要面前没有站着共产党人，就不存在统一战线，至少是那个时候不存在。

至于我们服从国民党的独裁的问题，也许有些国民党相信这是事实。他们有这样想的自由，正像他们有吃饭和睡觉的自由。我个人支持孙中山的民权原则，我不妨碍他们爱想什么想什么。事实上，我现在很忙，没有时间去管这个闲事。

我不很清楚另外几派人怎么想，但是我知道，共产党从一开始就是完全独立的，没有一天、一小时、甚至半分钟牺牲过自己的独立。共产党从没有屈服于任何党派、任何个人。要让我们屈服是天下最难的事。

你说蒋委员长据说否认在中国存在共产党，但是我不相信这是真的。蒋介石先生是个政治家，他不仅有政治常识，还有更多的东西。其次，既然蒋先生是抗日的领袖，他不应该讲这样的话。第三，要是他真的这样讲了，那不跟他以前的话矛盾了？1937 年 9 月 23 日蒋先生发表过声明，完全承认共产党的合法地位。因此我认为蒋先生不可能讲这样的话，因为这既缺乏政治常识，又和他以前的话相矛盾。

不过，共产党的合法地位的确实现得很不完全。中国政府从来没有实现 1937 年它答应给共产党充分的合法地位的诺言。国民党以外的其他党派同样也没有合法地位。这只是证明，中国不是一个有宪法可循的、民主的、团结的国家，而且缺乏法治。无怪中国全体人民和各党派都要求结束"训政时期"。

从西安事变起，特别是从1937年中，行政院正式批准给予陕甘宁边区政府合法地位的法案时起，蒋介石先生就承认了边区政府。如果不合法，为什么通过这样一个法案，为什么中央政府同意边区政府官员的任命？高级官员表态这样混乱，只能表明他们的效率实在太低。应该要提高效率。

问：中国在外交政策上强调，中国的斗争是站在民主一边反对法西斯主义，中国属于民主国家的行列。那么，有没有根据可以说中国是民主国家呢？从战争开始以来，中国有没有朝民主方向取得进步呢？人民有没有得到什么政治权利呢？这里我指的不是边区或者游击区的情况，而是指中央政府直接管辖下的自由中国的情况。

答：唯一的根据在于我们国家的正式名称，叫做中华民国——人民的共和国。但是究其实际，显然是缺乏根据。孙中山先生的民权原则存在几十年了，但是至今没有兑现。几亿中国人民盼望看到它实现，大概有一天是会实现的。那一天到来的时候，我们才有一些其他的根据可以提出民主的口号。我希望这一天快些到来。

我们需要民主，不仅是作为外交上的辞藻，更为重要的是，必须有民主，才能赢得抗日的胜利。

问：如果在战时中国没有取得朝向民主的进步，中央政府的性质实际上起了什么变化？它是否仍旧是国民党包办的独裁政府？

答：如果政府本身没有变化，政府的政策起了一些变化。最重要的是，政府确乎负责发动了抗日战争。可是至于其他政策，特别是有关实现民主和民权原则的政策，却没有任何变化。

我们不能说政府的性质起了什么变化。它还是一党专政的政府。这引起了全国人民的不满，这种情况必须改变。最近在重庆召开人民政治协商会议期间，据报道蒋委员长支持一项建议，要动员不论党派的所有人才为国效力。会议本身建议结束"训政时期"，建立按宪法选举产生的政府。全国都要求在内政方面实行这些改革，如果不实行这些改革，中国将会遭到肢解。

在另一次谈话时，我问毛泽东，如果提出给共产党内阁的职位，共产党会不会真的参加联合政府。我说，我听说，1938年政府在汉口时，曾提出给共产党一两个次要的部长职位，而共产党拒绝了。据说共产党不愿参加联合政府，因为他们怕列强不赞成这种做法，还会把中国动摇分子吓得加入妥协和失败主义的阵营，再则共产党也不愿在一个他们不能控制政策的政府里承担任何责任。毛泽东否认在什么时候曾有人提出给共产党任何内阁的职位。他说，如果有人提出这种建议，共产党是会乐于参加的。

问：由于战争的结果，中国政府的阶级基础是否发生了任何变化？

答：是的，有一些变化。沿海一带和长江沿岸城市里最有钱的人已经成了汉奸和准汉奸。这些人的代表是汪精卫。已不能再依靠这个阶级的人拥护政府了。今天的抗日政府的基础应该主要依靠中产阶级和广大的农民。支持抗战的是这两大阶级。

问：你的意思是，政府今天比过去更代表中产阶级和农民了吗？

答：还不是这样——不过政府应该是这样。政府如果不让这些阶级有更多代表参加决策，它必然仍旧是软弱无能的。只有在它的战争政策上，政府才代表比地主和资产阶级更广的阶层，但是在它的国内政策即关于民生和民权的政策上，政府所代表的阶级利益依然和战前一样。

问：由于共产党已经放弃强调阶级斗争的宣传，废除苏维埃制度，服从国民党和国民党政府的领导，承认三民主义，停止没收地主和资本家的财产，停止在国统区的组织活动和宣传工作，许多人现在说，中国共产党事实上已不再是社会革命家，而只是改良主义者了，目的和手段都是资产阶级的了。你对这种说法怎样回答？你是不是依旧坚持，中国革命是反帝反封建革命，而且可能在某个阶段转变为社会主义革命，而共产党的责任就在于领导全国走向那个革命？

答：我们始终是社会革命家；我们从来不是改良主义

者。中国革命有两大目标。第一个目标是实现民族民主革命的任务。另一个目标是社会主义革命。后者必须实现，而且要彻底实现。目前革命的目标是民族民主性质的，但是在一个阶段以后，它将转变为社会主义革命。中国革命纲领中社会主义革命部分现在的"准备"将变成它的"现实"——除非我们在现阶段的工作失败了，如果失败，社会主义革命就不可能早日到来。

问：中国是不是也有可能，在反帝反封建革命完成之前或之后，发展为法西斯专政？中国的法西斯势力是在增强还是削弱？

答：在中国不可能有法西斯专政。国家的一半已经沦为殖民地。另一半面临着同样的危险。中国的经济还是半封建性质的。由于这些缘故，我们的法西斯梦想家是没有前途的。如果我们过去把某些中国政治组织称为法西斯的，如果我们现在指的是这种势力，我们可以看到，它是在削弱而不是增强。但把这种势力称之为"法西斯的"是会引起误解的，因为中国（从经济发展来说）根本太弱，无法支持一个法西斯运动。那些想法与此不同，而企图在中国制造"法西斯主义"的人，注定了最后会折断自己的颈骨。

问：共产党自称领导着中国的工农。除了在边区对农民的领导以外，除了对含有一些无产阶级成份的红军的领导以外，共产党在实践上怎么能对中国的工业无产阶级（其中百分之八九十是住在日占区）实行领导权呢？共产党用什么方式既教育农民，又教育无产阶级，使他们懂得当前革命的反封建目的呢？

答：是的，我们是自称对工农实行着这种领导，这有两方面，政治上和组织上的领导。在陕甘宁边区，在八路军管辖下的游击区，我们不仅有政治上的领导权，还有组织上的领导权。在旁的地方，共产党的领导比较间接，但只要农民和工人是按共产党的主要方针组织起来的地方，他们实际上是在我们的领导下。

按照这种逻辑，显然共产党人认为参加抗日战争的所有军队都在他们的影响之下，因为抗日是共产党在革命现阶段的中心要求。旁的人立刻会否认这点，说这是主观愿望；但就是这个逻辑使共产党人能够忍受对他们的活动的其他限制。只要抗战在继续，他们就认为革命斗争在继续，因此"转变"的时期正在一天天临近。——斯诺

你问到（在非共产党地区）共产党是怎样教育工农抗日和反封建的。宣传能起作用，而且也确实起了一定的作用。通过组织抗日活动，取得不少成就，而且也能使人民认识到推翻封建主义的必要性。

问：你认为到现在为止，战争是加强了还是削弱了中国的封建势力？在共产党目前的纲领中，什么地方反映了革命的反封建目的？在边区以外的地方，在实现这种反封建的目的吗？要是反封建的革命纲领不能同时在全

国实现，战争有可能赢得胜利吗？

答：在革命的现阶段，首要问题是抗击日本帝国主义。反封建的任务可能暂时不得不退居抗日的主要任务之后。在这个时期我们的反封建纲领包括要求实现全国的民主以及通过减租减息等措施改善人民的生活。

不仅在工农中间，而且在青年学生、知识分子、进步作家、科学家、政治家、军人等等中间，正广泛开展着民主运动。这个运动面临的阻力就是过了时的政治制度。问题在于如何改变这个政治制度（而不危及抗战），因为若不改变，若不实现民主，抗日战争就不能胜利。

抗战和民主是同一把剑的两个刃。有的人假装支持抗战，但却拒绝民主的方针。他们实际上对剑的两个刃都不愿意使用。他们在把反帝斗争拖向失败。

国际问题

问：德苏互不侵犯条约签订后，重庆有人担心接着会有一个日苏互不侵犯条约。有一阵苏联确实曾劝日本签订这样一个条约。你认为这在现在有可能吗？如果不可能，为什么不可能？

答：如果这样一个条约会妨碍苏联支援中国，那它就不会签订。然而，如果不妨碍这种支援，那就可以签订而不致产生有害的后果。苏联和世界解放运动的利益是一致的，和半殖民地、殖民地的民族革命的利益也是一致的。苏联不会签订一个对这些运动不利的条约。

问：我读了你对签订德苏条约一事的评论。你似乎认为苏联不大会卷入欧洲的战争……你是否认为，苏联只要不遭受进攻，即使纳粹德国看来接近胜利，苏联也仍会保持中立？

答：苏联不会参加这个战争，因为双方都是帝国主义，而这只是一场双方都没有正义的强盗之间的战争。双方都在争夺力量优势和对世界各国人民的统治。双方都没有公理；苏联不会卷入这种战争，而会保持中立。

但是苏联并不是在所有战争中都采取中立政策。对于正义的解放战争，苏联不会保持中立。20年来，这是苏联一贯的政策。例如，1925 年到 1927 年，苏联支持了中国革命。1936 年到 1938 年，苏联支持了西班牙的共和军。从 1937 年至今，苏联帮助了中国的抗日战争。9 月 17 日，苏军进驻波兰，也是为了解放白俄罗斯人民和乌克兰人民。

苏联会支持殖民地和半殖民地的民族解放运动，它会支持任何资本主义国家里发生的人民（社会革命）运动。苏联会支持革命战争，但在纯粹反革命的战争中保持中立。

至于现在这场欧洲战争的结果，苏联不会被战胜国，不论是英国或者德国，对它自己的威胁所吓倒。苏联一旦遭到进攻，它将得到各国人民的支持，得到殖民地、半殖民地少数民族的支持。

今天反苏运动的中心已经不再是纳粹德国。它在于以英国为首的各民主国家。在张伯伦的领导下，各所谓民主国家的政府正在组织广大的战线，企图把意大利和日本也拉进去。它们企图借此先打败德国，然后进攻苏联。国际形势现在已经发生深刻的变化。

问：据我理解，你的意思是，你看不出法西斯主义和英法等民主国家的事业有什么区别？

答：从它们在这场战争中的地位来看，没有什么区别。张伯伦正在组织世界战线，用以包围苏联、抗日的中国以及德国。他的目的是结束在中国的战争，推翻希特勒，孤立苏联，以便日后组织反苏的运动。张伯伦作为国际反动资本主义的领袖，懂得如果他不这样做，抗日战争就会胜利，德国就能收复它的殖民地，印度就会赢得独立，而张伯伦及其同僚的统治就会垮台。

问：张伯伦先生的胃口恐怕没有那么大吧？难道你认为，张伯伦在打德国的同时，他的真正目的是在于灭亡俄国？在我看来，张伯伦现在对付希特勒就够忙的了，还能准备对俄国打一场更大的仗？如果可能的话，他想争取俄国的友谊，以便打败希特勒，这样做对他来说不是更合乎逻辑吗？即使他确实有在将来搞斯大林的打算。你的意思是说，张伯伦过去曾想把希特勒这股祸水东引，还是说他现在积极地这样计划，还是说他希望通过现在这场战争搞成这样一条战线？

答：他过去就想，现在正在计划，而且希望以后能实现这样一条战线。为什么？因为张伯伦所面临的问题不只是希特勒，还有印度造反的问题，和他本国人民中有人造反的问题，而苏联却支持殖民地的革命和资本主义宗主国里的人民（革命）运动。因此罗斯福也同情张伯伦。

问：欧洲战场对日本在远东的战略和日本的外交政策会产生什么影响？

答：日本会利用欧洲战争来达到两个目的。第一个目的是加紧侵略中国，第二个目的是把它的侵略扩大到南洋。然而首先它必须征服中国，它现在主要的注意力就放在这点上。日本不会参加欧洲战争。由于避免参加，它可以继续同法、英、美做生意，而且也许还可以从它们那里

146

借钱。日本要是没有对外贸易和外国贷款，将难于征服中国。

德国现在正忙于自己在欧洲的事，不再能照顾日本。苏联同日本没有多少贸易关系，而且不会借一个铜板给日本。问题在于英、法、美会不会帮助日本灭亡中国，这是一个很严重的问题。

欧战期间日本的第二个目的确实野心很大。但是不论英、法、美在欧洲是否被打败，日本总会把它的舰队集中在南方使用。那时日本就可能进攻荷属东印度群岛，因为这个群岛是日英正面冲突的中间站，它是英国重要的势力范围，但却不是英国的殖民地。日本军国主义者对荷属东印度群岛很垂涎，因为那里物产丰富，人口众多。如果英、法、美采取帮助日本的政策，使日本能打败中国，它们等于是武装起日本，让日本将来进攻它们自己。

日本希望在这次世界大战中富强起来。罗斯福也想发战争财。罗斯福想赢得资本主义世界中的领导地位。他要张伯伦做他的秘书，日本做他的一个卫士——他的后卫，希特勒和墨索里尼做他的前卫。但是他对斯大林直摇头，说斯大林对他毫无用处。

问：那么，你是否认为欧洲战争可能对中日战争的结局产生决定性的影响？

答：如果英、法、美采取给日本以物质帮助的政策，则可能产生决定性的影响……不然的话，中国依靠自力更生，能够而且应该会在这个世界战争和混乱的时期中战胜日本。

问：显然欧战一定会大大削弱英法在中国的地位。这可能既意味着削弱英法对日本的抵抗力，也削弱英法对中国的抵抗力。因此，就中国对列强的依赖关系来说，苏联援助的作用极大地增加了，特别是西北的供应线更加重要了。同样，苏联在西伯利亚和外蒙对日本的政策也更重要了。苏联的对华援助会不会增加到足以弥补英法援助的削弱呢？

答：如果中国继续坚定地抗战，而且和苏联密切合作，苏联的援助不仅会弥补英法协助的减少，而且会远远超过后者的重要性。从根本上说，英法其实并没有"帮助"中国。它们至今采取的不过是不干涉中日战争的政策，而不是积极协助中国的政策。

问：在这方面，苏联对中国解放运动的增强援助是否可能采取一种有些类似你所说的苏联对白俄罗斯和乌克兰解放运动的援助的形式？例如，在满洲有一个强大的抗日民族解放运动，在内蒙和新疆也有类似的解放运动。苏联是否可能派遣抗日的武装远征队来帮助这些解放运动？

答：按照列宁主义，这种可能性是存在的……但是，根本的问题是中国人自己打不打。

问：苏联同纳粹德国达成协议，占领了波兰，这使苏联看起来好像和极权主义的轴心国进行合作来瓜分弱小国家。肯定许多人会这样认为。不论怎样，新的苏联政策意味着所谓民主国家（包括苏联）反法西斯统一战线的垮台。这一点将如何影响中国抗日战争的政治口号？中国至今一直呼吁资本主义民主国家给予支持，以反对极权主义的日本。中国过去的外交口号现在是否已经失效？

答：随着欧洲战争的爆发，世界政治关系发生了深刻变化。德国放弃了它的反苏和反共产国际（原话如此！）的政策。另一方面，所谓的民主国家开始利用战争来结束民主制度。这些所谓的民主国家成了反苏、反共、反民主、反人民的运动的中心，成了殖民地、半殖民地人民运动的敌人。

德国和英国都是帝国主义国家。法西斯国家和所谓民主国家的英国都是帝国主义强盗。它们之间的战争是帝国主义战争，这场战争是强加在它们本国人民和苏联人民头上的。

现在英国成了世界反动势力的中心。张伯伦是世界的头号公敌。以前苏联和各国共产党作了很大努力想争取张伯伦，让他和苏联合作抵抗法西斯主义。但是以张伯伦为首的所谓民主国家资产阶级的反动政府最后拒绝了这一建议，拒绝和苏联合作，结果第二次帝国主义战争的范围扩大了。

张伯伦在英苏谈判中从来没有诚意。他决心不使谈判有什么结果。这样他就选择了战争而不是和平，因为显然如果把苏联排除在合作关系之外，和平就不可能有保证。这一点连资产阶级的重要发言人劳埃德·乔治也承认的。

同时，德国利用了张伯伦的政策，它声明放弃反对共产国际的立场，同苏联签订了互不侵犯条约。纳粹的反苏和反共产国际政策放弃以后，以前在法西斯国家和民主资本主义国家之间划分的界限就失去了意义，不再是一种政治衡量的尺度了。努力争取资产阶级及其政府同苏联成立统一战线的阶段已经过去了。从新的情况出发，应该有一个区分各国的新的标准。我们该怎样划分国家的类别呢？

一类是进行或帮助进行非正义的帝国主义强盗战争的国家，以及公开、积极支持这种战争的国家。另一类是支援人民解放战争的国家。各国共产党的政策必须作相应的改变，因为迄今执行的政策已经不合适了。

在新的形势下，可以参加世界革命统一战线的国家已经不再包括所谓民主国家里的资产阶级了。这个阶级已经成为被压迫民族的敌人。这个革命统一战线现在应包括以下的成份：(1) 资本主义国家里的无产阶级和小资产阶级；(2) 半殖民地和殖民地国家里的反帝力量，包括无产阶级和一部分资产阶级；(3) 苏联。

我在9月14日的讲话中说过，帝国主义战争已经进入一个新阶段，这个新阶段有两个特点：第一，片面战争已经变为全面战争①。其次，世界革命战线的组成已经从复杂变为简单了。现在，世界革命的口号已变为：反对

① 这是指斯大林对第二次帝国主义战争的说法，见9月份他对苏共中央全会的讲话。——斯诺注

帝国主义战争；用革命战争击败反革命战争；用革命战争支援人民革命战争；支援殖民地和半殖民地的人民革命战争。这些口号同样适用于所有国家，包括法西斯国家以及利用战争作为实现法西斯主义的手段的所谓民主国家。

中国的抗日战争是世界革命战线的一部分。中国的抗日统一战线有助于资本主义国家里的人民阵线；各殖民地和半殖民地国家里的民族革命统一战线都有助于资本主义国家里的人民阵线；而且这种帮助是相互的。

在这个世界革命战线里，苏联帮助所有的参加者，而后者也支援苏联。这种支援是相互的。用这种方法，我们能够对抗各国反动资产阶级的统一战线。

（这里我插话问毛泽东，既然德国也是帝国主义，和英法没有什么不同，为什么苏联竟向德国提供苏联的大量小麦、石油和其他战争物资，从而参与了德国帝国主义的冒险行动。顺便也问一下，苏联为什么继续向日本出租库页岛的油田，或者给日本以捕鱼权。后者价值很大，因为它使日本能输出大量的鱼，从而取得外国信贷，用以购买军火，进行针对"半殖民地中国"的"民族解放运动"的"帝国主义强盗战争"。

毛回答说，这个问题很复杂，要到看到政策的结果才能加以回答。苏联向日本出售石油的条件，他不清楚。无论如何，苏联没有向德国或日本提供任何军火，而维持通常的贸易不等于参战。

我问，在现代战争中，向参战者提供坦克、飞机，跟为坦克、飞机本身提供燃料，这中间有什么大区别？为什么说美国卖给日本战争原料就是参加日本帝国主义对华侵略，而苏联卖给德日同样的原料，却不是参加德国帝国主义在欧洲的战争和日本在亚洲的战争呢？

毛笑了一下，承认说战争原料买卖和战争工具买卖之间的区别不大。他说，关键是有关国家的政策是不是真的支持帝国主义战争，还是支持革命的解放战争。按这点判断，苏联的立场是毫无疑问的。苏联积极支持过中国1925年到1927年的革命战争，支持了西班牙革命战争，现在又支持中国的革命战争。苏联一贯站在正义的革命战争方面，而不会站在帝国主义战争的任何一方，虽然它可能维持同交战双方的通常贸易关系。

我说，既然这是一个"记录之外"的问题，我将不发表他的评论。他答称他不在乎；既然他自己的秘书已经全记下来了，对他来说已经"记录在案"。因此我在此包括了谈话的要点。——斯诺注)

至于波兰问题，需要从几方面看问题：从德、英、法、波政府的观点；从波兰人民的观点；最后从苏联的观点。

德国对波兰进行的完全是帝国主义侵略战争，其目的是掠夺波兰人民。波兰是英法的战略阵线，希特勒打击波兰就是摧毁英法战线的一翼。这个战争自然是我们所反对的。

对英法来说，波兰是它们金融资本掠夺的对象。英法鼓励波兰作为它们帝国主义战线的一部分，是为了利用波兰来抵制希特勒重新瓜分帝国主义赃物的企图。既然这是英法参加有关波兰的战争的客观条件，那是一种帝国主义立场，不应给予支持。

波兰本身有一个半法西斯的政府，为反动的波兰资产阶级所统治。它残酷剥削波兰人民中间的工农。它无情镇压波兰民主人士和进步分子。同时，它的泛波兰政策压迫了波兰境内的广大少数民族，包括 800 万白俄罗斯人，300 万乌克兰人和 50 万日耳曼人。它对这些少数民族采取的是帝国主义政策。

波兰政府在英国金融资本的指使下，自愿地动员了人民做炮灰。它甘心成为国际金融资本反动阵线的一个组成部分，而这并不符合波兰人民的利益。

波兰政府 20 年来一贯敌视苏联。在英苏会谈期间，它拒绝了苏联的援助。只经过两个星期，它就屈服于希特勒的铁蹄之下，从而暴露了它的无能。150 万波兰军队不堪一击，把波兰人民让给纳粹分子去迫害。在马德里，装备很差的西班牙民兵还能守两年，波兰政府的军队却在两星期内就被消灭了！在中国，八路军守卫了晋察冀战区两年，顶住了日本，而波兰却没有五台山根据地，也没有八路军。所有这些弱点清楚说明波兰政府的邪恶与无能。我们不应为帝国主义波兰浪费我们的眼泪。

最后，说到苏联。纳粹入侵波兰使苏联面对这个问题：是让全体波兰人民沦于纳粹迫害之下，还是解放波兰东部的少数民族。苏联选择了第二种做法。

波兰东部大片领土上住着800万白俄罗斯人和300万乌克兰人。这片领土是作为布列斯特—列托夫斯克条约的代价，从年轻的苏维埃社会主义共和国那里夺走，而落在反动的波兰政府统治之下的。今天，苏联不再软弱和年轻，只是把它自己的土地收回，加以解放而已。

来自前线的新闻报道描述了波兰少数民族欢迎红军的情况。人民把饮食送给红军战士，和他们拥抱，欢呼他们是救星。德军和法军占领的地方就没有这类新闻。这说明，苏联这次的战争是正义战争，有利于解放少数民族和被压迫人民。

问：但是《读卖新闻》报道说，日军在东亚推广新秩序所到之处，也遇到类似的热烈欢迎。我敢说，德国报界也在告诉德国公众，波兰人热烈欢迎德国的炸弹。这些日子，被征服的人民不仅屈服，而且向征服者祝贺，这是司空见惯的事。

毛泽东大笑。

答：谁也不相信《读卖新闻》的报道。虽然我没有见过德国人自称在波兰受到欢迎，我相信，要是他们这样自称，谁也不会信的。至于苏军受到欢迎的报道，有一些独立的观察家在现场，他们能亲自看看这是不是真的……

最后，应该指出，苏联现在面临的主要问题是，张伯伦试图实现他的老政策。一方面，他封锁德国，在德国的西线施加巨大的压力。另一方面，他企图收买意大利和日本，并且安抚德国。他把匈牙利和罗马尼亚送给希特勒，以换取废除苏德条约，企图借此把德国的枪口调向东方。

张伯伦主义的这些目的不仅现在有，而且将来也会继续存在。苏联占领波兰是为了解放白俄罗斯人和乌克兰人，收复苏联的领土，同时这也是巩固苏德条约、挫败张伯伦阴谋的一个具体方法。最近的新闻表明，这个政策已取得很大的成功。

另一次，我问毛泽东，在他看来，苏联占领波兰主要是出于军事战略需要，还是出于政治需要。

毛泽东似乎认为，主要因素是战略上的需要，但是这个行动有军事目的也有政治目的。政治方面不是直接联系革命运动的世界条件，而是联系苏联同波兰东部的历史关系。另一方面，苏德条约不是政治的，而是军事战略上的需要。斯大林要这个条约，为了阻止张伯伦建立反苏联盟的努力。毛声称，张伯伦已向希特勒清楚表明，他必须在打俄国和打英国之间作出抉择。如果希特勒打俄国，张伯伦准备容忍他占领波兰、罗马尼亚、南斯拉夫和波罗的海诸国。如果不然，他将用波兰反对希特勒。在这种情况下，斯大林被迫寻求自己同希特勒的协议。

我向毛指出，苏联的政策必然会引起自己辩证的反作用，很可能会把希特勒加强到某种程度，以致对苏联构成真正的威胁。苏联政策的短期效果将是大为削弱在英、法、美的共产党，特别是把小资产阶级自由主义知识分子赶跑，并使工人阶级队伍本身陷入极大的混乱。如果共产党反对战争，它将遭到镇压，例如在法国已经遭到镇压。所有左翼外围团体如果积极反对战争，也会遭到取缔。这样一种发展将会增强反动和保守势力的力量。法西斯独裁的方法，假借战争动员的需要，会迅速扩张。先锋力量的瘫痪会大大削弱反对张伯伦和达拉第对希特勒绥靖和做交易的势力，大大增加未来反苏联盟的可能性。因此，可以设想，现在的苏德条约可能促使帝国主义之间的战争改变为帝国主义联合进攻苏联的战争。

毛泽东不同意这个观点。他认为苏德条约为苏联保证了它防备德国人进攻而需要的安全。他说："希特勒是装在斯大林的口袋里。"

那么，一切都会很好的——除非后来发现，斯大林的口袋里有一个洞。

1939 年 9 月 26 日于延安

（《密勒氏评论报》，1940 年 1 月 13 日和 20 日）

1939 年再到陕西

1939 年 9 月底，第二次世界大战爆发后两星期，我再到延安。周恩来已经飞往莫斯科，表面上是为了要求增加对中国的援助，但是据推测是为了获悉自纳粹和苏联条约签订以来斯大林政策的方向。

我曾经有过两次正式谈话，谈话中所提的问题和回答都由王汝梅（现名黄华）记录和翻译。王是燕京的学生，北京的一个青年领袖，我在 1936 年把他带到保安。在正式谈话以前，有一天晚上我访问过毛一次，在他那里吃了晚饭，我们作了随便的非正式的交谈，根据这次交谈我写出了下面的日记。

1939 年 9 月 23 日

我看到毛住在一个有三间屋子的"现代的""窑洞""住宅"里。这个窑洞是在离延安数里路的黄土山中。我再一次注意到这个人非常沉着，任何事情似乎都不能扰乱他。他渐渐地养成了一种安详的态度。他显然不像蒋介石那样"紧张"。

我们谈到罗斯福的外交政策，民主党同共和党的分歧，中国的工业合作社，统一战线的若干新问题，八路军和国民党的关系，苏联对欧洲的政策以及这一政策对中国的影响。我们读了当天的新闻，并且进行了讨论。

毛认为罗斯福会使美国参加战争，这一次战争（在欧洲）是一次"纯粹的帝国主义的战争"。毛认为在无苏联参加、张伯伦没有把英国拖进战争以前，这次战争可能成为一次"进步的战争"，但是它现在已经成为纯粹帝国主义的战争了。美国共产党过去支持罗斯福，但是如果他参加战争，他们现在就不会支持他。

他对美国两党对战争的态度感到有些迷惑不解。他认为奇怪的是：在上次战争（第一次世界大战）中执政的民主党，在共和党的支持下，把美国带入战争。在这次战争中又是民主党执政，而罗斯福号召改变美国的中立政策，并且想把美国引向战争，但是共和党仍然是强烈的孤立主义者。为什么会是那样呢？难道共和党不代表大金融资本吗？他们会从战争中弄到很多的钱。

我对这样简单划分两党的办法表示疑问，因为两党中都有各种各样的资本家，"大的金融资本家"一向都插手两党的事务。在国内政策上的压力也反映在对外政策上，公众舆论（包括劳工舆论）的改变会使共和党改变立场。我举出对废除美日商约问题的态度的改变作为例子。

毛指出了美国政策中的矛盾，那就是美国商人不顾美日商约的废除，或向着这一方向发展？继续把原料卖给日本，而且比过去卖的更多。

我承认这一事实，我说这一政策并不比英国的政策更奇怪，英国武装并在财政上帮助希特勒，甚至一直到战争爆发前还把捷克银行的储备全都交给希特勒，并把他所要的一切东西卖给他。也要考虑一下苏联对日本的政策。苏联把库页岛的石油卖给日本并维持贸易关系，而且延长日本人在苏联领海上捕鱼的权利。当英国买日本鱼时，英国的左翼力量曾发出一阵可怕的咆哮，而当俄国把捕鱼权卖给日本时，他们却不说一句反对俄国的话。

毛笑了，并且说这是斯大林从罗斯福那里学来的。在整个谈话中，他常常用斯大林的名字来指苏联。

（我说）俄国仍然把军火和供应品卖给德国，而在同时又维持一种表面的"中立"地位。明天俄国可能同德国处于交战状态。我说，在那种情况下，资本主义同社会主义之间的"矛盾"将会变得很混乱，以至"像被一只猫儿搅乱的线团一样，在有人想把它理好时，却越理越乱"，谁也不能预见其结果。难道不是那样吗？（我问）

毛说，斯大林用不着发愁德国会在现在进攻。"希特勒是斯大林的囊中之物"。他是半开玩笑地这样说的，我问他是否真的认为是这样的，他回答说，他有 5/10，即 50%是这样认为的。

在回答其他问题时，毛表示，他相信斯大林同希特勒订立协定，目的在为了事先阻止张伯伦组成反俄同盟。(他说）张伯伦曾经告诉希特勒说他必须进攻俄国，不然英国就会参战。假如希特勒打俄国，张伯伦准备将波兰、罗马尼亚、南斯拉夫和波罗的海各国给希特勒。斯大林提出了比张伯伦的建议更富有吸引力的建议。

（这似乎是一种比喻的话；看起来毛欣赏这个想法——斯大林对这个被人轻视的手拿洋伞的人①玩了一个很漂亮的把戏，在延安常用漫画和泥人来讽刺这个人。）

毛要我谈谈关于工业合作社的消息——它们是怎样开始的等等。

我说明中国工业合作社的历史，从初期在上海时起，到国际委员会的成立直到在国外设立的许多募捐委员会。我着重指出它对游击队的价值。

在我讲这一段（很长的）话的时候，毛把身体向后靠，喷了一口烟，当我作这个（冗长的）演说时，他眯着眼睛。接着他说他完全支持工业合作社，并且自从我在汉口写信告诉他这个运动的情况以来，他一直是这样做的。他说了这番话：

"我们支持建立许多小工业作为战争期间经济建设工作的一个重要部分的想法。即使中国工业合作社对前线和敌后游击区不能做什么事情，它们正在做的工作对于帮助后方恢复工业是极为重要的。但是最需要工业合作社是战区和敌后游击区，我们的部队，人民和政府也将最热烈地欢迎它。用这种方法我们能达到多种目的：(1) 制止沦

① 指张伯伦。——编者

160

陷城市的敌人商品流入农村游击根据地。（2）把中国的原料和资源供我们自己的工业之用，并阻止它们被日本所利用。（3）创立在经济上自给自足的游击根据地来支援长期斗争。（4）训练我们的失业工人和不熟练工人，使日本不能用他们来对付我们。（5）对农民提供他们所需要的制造品来换取粮食，借以维持农村繁荣。中国的所有朋友应当支持这一进步运动。

中国工业合作社应首先注意游击区的需要。沦陷区反对日本帝国主义的斗争具有头等的重要性，因为，如果日本成功地征服了（巩固了）这些地区，合作工业就会跟任何其他工业一样毫无前途。"

〔毛同意将这段话写出来分送海外华侨。后来他这样做了，把这一段话写得很精确，并且加上了一些爱国词藻。这封信是通过香港中国工业合作社国际委员会发表的，并且对募捐起了帮助作用。〕

〔在这次访问中，我在延安住了10天左右，我在纯社交场合会见过毛几次，同他在一起喝过茶，玩过扑克。他也在学打桥牌；有一次我和他、他的妻子玩牌一直玩到第二天凌晨一点钟。我们一连几晚不是玩桥牌，就是玩扑克。我已忘记教他玩桥牌是马海德还是1936年我在保安时的"学生"之一。在我的日记中，我曾提到毛在玩扑克时是个大赌家，一个不高明的但爱吓唬人的人，然而，他是一个风趣的玩牌的人。他把玩扑克看得太轻松，因而不大适合认真玩扑克的人的胃口，他自己觉得津津有味。赌

注很大，但是完全是假的。〕

毛的健康已有改进，他逐渐发胖了。我曾问他究竟喜欢军事生活，还是他在当时所过的行政人员的办公室生活。他说他更喜欢军事生活，在长沙战役期间，他的肠胃比任何时期都好。

在闲谈中，毛曾问了许多关于美国地理、气候和人民的问题。他问在南方的黑人是否已获得了任何新的选举权，还问关于文盲的统计数字。他还问起美国的印第安人以及美国如何对待他们。他对从来没有一个天主教徒当选为美国总统这件事感到吃惊。他问：难道在美国有很激烈的宗教冲突吗？大多数人是怎样结婚的？他曾读过关于国立黄石公园的文章，他问我曾否看过这个公园。他认为中国应有那么一个公园……他说他永远不能理解禁酒法怎么会在美国通过。看起来他对美国文明的科学和机械方面很感兴趣。他也很被他所听到的关于加利福尼亚州的一切所吸引。他想到国外去旅行，但是他认为在他看到更多的中国以前决不能这样做。虽然他曾走过中国很多地方，中国还有很多奇妙的地方他应当去看。像苏维埃俄国一样，中国"本身就是一个世界"。

在这个时候，毛同一个电影演员结了婚。这个演员是在1937年中日战争爆发后来延安的。在那一年初，毛和他的妻子贺子珍吵了架。贺参加过长征，从江西和毛一起到保安。1936年，我曾在保安看到他们在一起，后来离了婚。后来毛夫人同他们的小儿子去俄国。毛在次年再婚。

附二

窑洞中的预言

从我住的窑洞下去的小路末端，那辆小轿车在咳嗽，看去像一辆黑色玛丽亚。等我走近时，我发现那是一辆救护车，车门上清楚地写着："纽约华人洗衣业工会赠给中国英勇的保卫者"。原来这就是使我的教会里的朋友感到惊异的毛的奢侈品！这些洗衣工人的礼品在延安多起来了，有时它们用来把空袭中受伤的平民运送到附近的医院去。但通常这些汽车只能停着，因为缺乏汽油去开动它们。

实际上，在一个游击战线上，摩托救护车是没有什么用处的。这场战争的机动性、农村缺乏公路以及缺乏燃料和服务设备，说明必须有一种特别的医疗服务。要是华侨和外国朋友把他们花在昂贵的救护车和西药上面的钱汇到延安来，在当地生产中进行投资，发展这里的制药厂和游击性的工业，那会造成永久性的价值。但是这些人似乎从未想到中国人完全能够制造自己的必需品，如果得到资金来购买机器，只需要进口货价格的一小部分就够了。如果把买救护车的这笔钱送给八路军，就可以资助组织部队的医疗工作和帮助地方军事工业，从而真正救活成百人的生命。可实际上，这辆救护车的主要价值只在于把它的发动机用于一家工厂的马力以及最终它拆成废铁的价钱而已。

许多人认为延安是中国"反对资本主义"的中心，其实延安所需要的除了枪炮之外莫过于资本和机器了。

那辆救护车出城以后颠簸了几里路，转入一个山谷，正像100辆其他的汽车一样，停下来把我们送到毛泽东家门前石板路的尽头。这里的"我们"包括黄华，他自告奋勇地陪我前来，想听听毛泽东对于欧洲局势的说明。黄华是我的老朋友，我最初认识他时，他在北京读书，是燕京大学他这个年级的学生会主席——聪明，富于理想，有当领导的才干。在华北这个最好的美国教会大学里，有许多学生离开风景秀丽的校园去解放区，黄华是最早离开的学生之一。

黄华已经成熟了很多，现在工作很忙，显示出沉静的自信心；他是青年救国会的书记，同时兼延安以北一个学校的校长。现在在共产党阵营里已经有教会学校训练出来的几十个学生，黄华像我碰到的这些学生一样，使我感到他比中国其他部分的基督教青年达到更好的心理上的和谐，而那些青年却难于把自己的宗教背景同他们所生活的社会调和起来。也许这是由于这些基督教共产党员，在排除了同中国理性主义无法调和的超自然主义之后，确实能够把基督教的社会教义同他们日常的政治信念结合起来。也许只是因为解放区的朴素和平均主义的生活使他们产生了这样一种幻觉。也许正是这里实际生活中人与人之间的兄弟情谊吸引了已故比利时神父文森特·莱伯，他率领他的天主教医疗队参加了八路军，并宣称他认为他的教义同朱德将军所实行的原则并不抵触，从而使中国天主教会大吃一惊。

我发现毛泽东仍旧住在窑洞里，不过陈设比较改进和现代化了。他住的是三间，一间书房、一间寝室、一间客房。墙上抹了白灰，地下铺了砖，略有一点装饰。但除此之外，还是很俭朴。我发现毛仍然只有两套制服和一件棉大衣。除此以外，他真是身无长物。

第二次拜访毛之后，我对以前记录的印象没有多少可以补充的。战争年代没有使他发生什么变化。他吃得好些，比以前胖了；他的头发剪得短了些；穿的还是同普通士兵一样的制服。他依旧是普通老百姓的一员，是农民和知识分子的奇特的混合物，在他身上不寻常地结合了极大的政治智慧和土气的常识。他的革命乐观主义丝毫没有动摇；他像以前一样深信他的共产党最终将在中国取胜，而且照常通夜为这个目的进行着工作。他仍然孜孜不倦地了解着世界大事，分析着政治形势。他在晚上处理工作之前，总要读完附近军用无线电台当天抄收的一大叠新闻，从山西前线来的，从全国来的，和从外国来的消息。

可以用毛的政治智慧来说明他在共产党里的领导地位，但是这说明不了指战员们和老乡们对他的爱戴。在说话时，他善于把很复杂的问题讲得连没有文化的人也听得懂。他惯用俗话和家常的比喻；他从不向听者讲大话，而总是以平等的口气和人谈话。他和人民之间是交心的；他和群众的思想从来都是沟通的。

革命运动要求它的领袖能够比旁人早一点看到将来要发生的事。在这方面毛很成功，所以他的追随者对他的判断力产生了极大的信心。1936 年毛对我作了一些重要的政治预言时，许多人认为荒诞。很少人相信中共会存活下来；更少人预见到国共会组成抗日统一战线。只有极少数外国专家怀疑日本能在几个月内迫使中国屈服。中国人中有少数乐观派认为战争开始不久日本的经济就会垮台；而悲观派则认为一旦日本封锁了海岸和占领了主要城市，中国一定会崩溃。

不论他们对中共和中共的事业态度如何，现在大多数中国人承认，而且在承认时往往隐隐流露出自豪感，毛泽东准确地分析了有关的国内国际因素，正确地描绘了未来发展的轮廓。内战确实停止了，中共和红军不但存活下来，而且在全国统一战线里得到了加强。他曾指出，到了战争的某个时期，国民党的一部分人会卖国投降，成为日本的傀儡；这个预言长期引起国民党的不满。但是在国民党副总裁汪精卫叛国以后，人们无法否认毛泽东正确地了解政府内部的各派力量。毛曾预言，如果某些条件不能实现，战争将是长期而艰巨的。这大概是历史上鲜见的事例，一个主张武装斗争的领袖居然不向自己的追随者许诺迅速和容易的胜利。但是他的这种坦率交底防止了人们在幻想破灭时产生失败主义情绪。另一方面，毛正确地估计了，中国自己的人力物力，只要用革命方式动员起来，具有巨大和持久的力量，从而帮助全国人民建立起更为耐久的信心。

他在 1936 年 7 月说："许多人认为，一旦日本占领了某些沿海战略要地和实行了封锁，中国就不可能继续抗日了。这是胡说。……中国是一个很大的国家，除非每一寸土地都沦在侵略者屠刀之下，还不能说中国已被征服。即使日本占领了中国的一大部分，攫取了人口有 1 亿乃至 2 亿的地区，我们还是远没有打败。我们还会有很大的力量同日本军阀作战，日本军阀还不得不在整个战争期间打一场激烈而经常的后卫战。"

毛再次阐明了要获胜必须采取的战略——也就是后来采取了的战略：

"我们的战略应该是在漫长和游移不定的战线上的运动战；这种战略的胜利有赖于在艰险地形上的高度机动性，其特点是迅速地进攻和后退，迅速地集中和分散。那将是一场大规模的运动战，而不是长壕、聚众、坚堡的单纯阵地战……攻坚战也要利用，但那将是辅助的，次要的……日本的经济将在旷日持久而昂贵的对华占领的重担下出现裂痕，在无数非决定性的战斗的冲击下，日军的士气将发生崩溃。"

但是预言还没有完全兑现；因为毛曾预言，在国内彻底动员（这点还没有做到）和得到"重要外援"的条件下，中国将赢得最后的胜利。如果毛说的"重要"意味着大量外援的话，后一个条件也还没有实现。

在我重访期间毛所作的有些评论[①]也像他以前的猜测一样尚无定论；不过有些却已被历史所证实。我是在1939年9月中到达延安的；当时关于欧洲外交和政治上的大变化消息很少。许多观察家认为俄国既同德国签订了互不侵犯条约，已成了希特勒在战争中的盟国。毛嘲笑这种想法，并且解释说，苏联同德国帝国主义的对抗矛盾跟它同英法帝国主义的对抗矛盾一样尖锐。他说只有在俄国遭受直接进攻的情况下，或者欧洲发生革命运动的时候，俄国才会取消它的中立政策。他认为苏德互不侵犯条约首先是一个"军事战略上的必要措施"，说它没有政治含义，仅仅是用来保护苏联免受张伯伦企图同希特勒结成反苏同盟之害而已。

最后这种说法在那时看来缺乏事实根据。全世界曾受骗相信英苏"谈判"在莫斯科正取得进展。不过几个星期以前，英、苏和中国的外交官都很诚挚地（我认为）对我说，英苏条约肯定会签字。当时看来，在这样危急的时刻，张伯伦不可能还在对柏林作出更多妥协，甚至提议结盟。我要求毛拿出证据，他承认他没有证据；这只是他对客观形势的分析。几个月后我读到英国的蓝皮书，以及内

---

① 涉及这些问题的采访记发表在1940年1月13日和20日的上海《密勒氏评论报》上。——译者

维尔·亨德逊爵士自己的回忆录《使命的失败》，其中透露张伯伦的迷梦果然一直做到最后的 5 分钟。

那时毛还预言日本不会参加欧战，而会试图强迫西方列强压中国接受决定。他认为，日本只有在从英美那里挤出足够的让步，削弱它们在远东的政治和军事地位之后，才会进而夺取印度支那、荷属东印度、最后是菲律宾。毛说，英国人将试图"制止在中国的战争"。有一次他说，张伯伦认为有必要"牺牲中国以便同日本结盟"。他还预见到，一旦英国或者美国试图搞一个远东慕尼黑时，苏联可能会同日本订立互不侵犯条约——"条件是日本不干涉苏联支援中国"。

毛的观点在重庆引起了轰动。他的观点和委员长的意见恰恰相反，委员长已经发表谈话，宣称欧洲的战争不会影响英国对华政策，即继续维护九国条约和门户开放诺言。连有些共产党人也认为毛走得太远了；他们希望张伯伦会把中国看作英国本身在远东的安全的堡垒，而给予具体的帮助。我不能不承认，我当时也认为毛的预见不大可能，因为这样做看来显然违背英国的利益。以后几个月，当英国没有阻碍中国的抗战时，我就以为毛估计错了。然而到 1940 年 7 月，英国保守党政府却向日本作了最后一次绥靖主义的姿态，它违反九国公约和英国在日内瓦作出的"不采取可能削弱中国抗战力量之行动"的庄严诺言，封锁了中国仅剩的通过缅甸的对外贸易通路。

在战争期间，所有共产党的军队，像国民党的军队一样，都承认蒋介石为最高军事领袖，但是他们并不对他搞偶像崇拜。例如，他们并不像其他部队被教导的那样，一听到蒋的名字就站起来立正。他们尊敬"老蒋"不过因为他是抗日斗争的大元帅和国民党的领导人。

毛和蒋之间有着突出的相似之点和相异之点。两人都有坚强的意志。毛为了自己的事业，大概可以同蒋一样地无情；他也是精力充沛，富于主动性，有决断，他是干练的政治和军事的战略家。但是，当蒋以传统的礼教作为他的哲学的核心时，毛却不过是在双方的社会斗争中在宣传上有时引用这方面的词句而已。从社会进步的观点来说，毛本质上是革命派，而蒋则是保守派。蒋是一个内向的人，他似乎时常有意强调自己超脱于群众之上，以保持中国关于权贵的传统。毛则一点也不神秘。他并不声称自己是永远不犯错误的。我听到过他承认犯了错误，而且他并不因为改变自己的主意而感到羞耻。

毛说话一长，总要说一些家常的俏皮话，或者简练的警句。他似乎是靠在所有辩论中取胜而保持自己的领导地位的。他有广博的学识，在辩论中熟练地运用着辩证法。他的策略很有意思。他极少从正面攻击对手。他这里攻一下，那里攻一下，迂回包抄对方的立论，一个一个地驳倒对方的辩护词，直到把对方完全困住，最后用一句妙语或者有力的逻辑把对方打垮。他喜爱和人们接触，使人们欢笑，同各色人等在一起都很自在。他有活泼的想象力。我记得一次有人向他描述在上海看过的一出喜剧，他笑得直到流了泪。那喜剧是一部美国电影——卓别林的《摩登时代》。

虽然毛无疑是中国共产党人中最杰出的人物，他决不是一个独裁者。他是靠众人的折服而成为领袖的，他的所有决定都是讨论的结果，是集体的判断。共产党里没有一个相当于蒋介石在国民党里的总裁这样的职位。毛主要是通过他在政治局和军事委员会的作用而发挥他的影响的。他在边区政府里没有官职。大家仍旧只叫他"主席"——这只是一个荣誉称号，来历是在江西的时候他曾被选举为苏维埃政府的主席。

中国共产党内部的团结和很少派别之争，在中国政治运动史上是鲜见的，而且也不像世界其他国家共产党的历史，连苏共也不例外。其原因一部分可能是由于过去10年来中国共产党人太忙于避免被敌人消灭，没有时间来互相作对了。

革命党人在武装斗争过程中培育起来的相互间的深厚友谊，无疑是坐在沙发里发议论而不冒生命危险的理论家所不能有的。民主国家里的共产党，在知识界享有平等权利和某种程度的名望，就没有能建立起一个伟大运动的感情基础，这恐怕也是原因之一。我记得狄克·华兹向我谈到他在海伍德·布龙去世前不久同他进行的一次谈话。布龙读了介绍中共的书刊，他说："这些人似乎有某种我在美国左翼团体里从来没有见过的东西：志同道合者之间的真诚友谊。我们的左翼分子随时都在等待你发表某种意见以便他们能高呼'去你的，叛徒！'虽然他们同你在 9/10 的问题上都是一致的。"共同经受过苦痛和危难的经历使人们亲近起来，使个性和思想上的小分歧显得微不足道，这种经历大概是人类最深厚的友谊了。对于中国共产党人来说，这种友谊无疑像水泥一样，它弥合了内部的裂纹，使外界瞧它不见。

在毛泽东和他的追随者身上，民族情绪似乎比在发达资本主义国家里的共产党人身上更为强烈。需要再次指出，按照共产党的理论，中国是半封建半殖民地国家，它进行斗争不是为了立即实现社会主义，而是为了一方面争取民族解放，另一方面清除"封建主义残余"而实现社会民主。他们 10 多年来一直遵循这个学说，在它的基础上建立和壮大了军队，因此自然培养了一种自信、自力更生和独立思考的精神。中共在它的长期斗争中时常被割断同共产国际的关系，得不到那里的超级思想家的忠告。中共领导人不得不在战场上解决理论问题，一个决定往往要迅速导致同志们的生或死。

中共以它的长期武装斗争的历史、在没有俄国物质援助的情况下建立自己的军队、打出自己的江山、在运用革命权力方面积累巨大的实际政治经验，而区别于共产国际的其他所有支部。对其他共产党来说，无产阶级可能除了苏联以外就没有祖国；但是中共用革命胜利赢得了自己的祖国。

世界各地老发牢骚的自由主义者、激进派、坐在沙发上空想的革命家和改革家可能把自己的失败和无能归罪于斯大林，从而逃避内疚；中共却一贯只把失败归罪于自己和客观环境。在旁的国家里，莫斯科审判和清洗的是非之争遮蔽了每个共产党内部政治中远为紧急的问题。据我看，中国人却带点怀疑地看待那些争论。不管怎样，他们正忙于自己争生存的问题，没有闲功夫多管他们搞不清楚，也控制不了的在莫斯科发生的事。

我记得对这一点印象特别深刻的是 1938 年当英国女记者弗雷达·厄特利来到汉口的时候。写了《日本的泥足》这本有兴味的书籍的厄特利小姐，原来曾有几年追随共产国际，后来个人的不幸遭遇，破坏了她对共产党的热情，她成了迷途的羔羊。她有很敏锐的政治头脑，由于最近刚解脱了对莫斯科的义务变得愤世嫉俗，想法和谈吐十分辛辣。

她参加了那样一派人，认为苏维埃俄罗斯和纳粹德国之间的唯一差别只是俄国天气更冷一些。她对我说："苏俄和纳粹德国没有根本区别，只不过纳粹分子效率更高些。两者之间，我认为纳粹主义更好一些。"为了追求一种值得信仰的东西，她退而重新梦想西方资本主义能产生新的解放力量。她的真实经历不能不令人感动。同时我认为可悲的是，布尔什维克党居然认为她的丈夫是一个"危险的影响"而把他充军到蒙古一个什么地方去了。这件事也是令人惊奇的，她丈夫的思想实际和她是不同的；而充军之说是她的猜测，还没有得到证实。

我相当尊敬厄特利小姐作为新闻记者的才能。她十分想采访几个中共领导人，但她对我说她知道他们不会理睬她的。我打赌说他们会的。不久之后，我发现自己处于一个奇怪的地位，作为被轻视的小资产阶级记者之一，竟建议博古和周恩来接见他们被逐的同志，并转告了她所想知道的一切。甚至使我也感到惊奇的，他们完全客观地看待厄特利小姐。他们说当前的斗争是抗日，不是为了共产国际进行争论，因此他们不反对向厄特利小姐介绍情况。不久他们举行了一个欢迎她的茶会。

毛泽东的地位不是莫斯科给的；现在除了他的中国同志们和军队以外，谁也不能撤去他的职务。事实上，毛曾两次被开除出党，据说是违反了共产国际的路线；但是这些命令从未执行。顺便提一下，他是唯一从未去莫斯科朝圣的重要共产党领袖。他从未会见过斯大林。他从未到过国外。

中国宣传家、外国传教士和其他亲华派尽力想使全世界相信，中共"不是真的共产党"。蒋介石自己最近也对一个德国记者说，"中国没有共产主义者"。英国大使阿奇博尔德·克拉克·卡尔爵士有一次对我说，中共实际上是农村民主派，可惜他们的名称不必要地吓坏了保守派。有人以为，中共现在既然为争取民主和民族独立而斗争，他们不可能是布尔什维克，而只能是"农民改良党"。我不知道所有这些人怎能把这些解释同中共忠于共产国际的这一事实调和起来。

但是如果我正确了解毛泽东的话，他是不会介意这种对他的马克思主义的诽谤的。他会笑一笑说：自由派如果愿意做反斯大林的亲华派，他们可以爱叫他什么就叫他什么，也许这样可以解决他们感情上的矛盾——只要他们做些实际的事去阻止美国武装日本，帮助中国和八路军赢得胜利。

我个人的感觉是，那些一厢情愿以为中共是"不同的"，"只是改良派"而已经抛弃革命手段的自由派，注定了最后一定会幻灭。中共现在是民族主义者，因为他们是处在革命的民族统一战线阶段，而且他们自己有足够的力量，不怕被淹没而成为人家的傀儡。但是他们的信仰仍然是国际社会主义；而且如果条件变了，他们会采取自己认为必要的任何手段以便"继续呆在历史的火车头上面"。

(《为亚洲而战》1941 年版。文前标题为增订本编者所加)

1965 年的谈话

我回到中国两个多月后，毛泽东邀我在 1965 年 1 月
9 日晚上去吃饭，我们交谈了 4 个小时左右。外国客人只
我一个。在座的两位中国官员——龚澎女士和她的丈夫乔
冠华，是革命胜利以前就认识的朋友。龚澎和她的姊姊龚
普生还在教会学校燕京大学（今天已成为北京大学的一部
分）读书时，我就认识她们，我战前住在北京时，有一个
短时期曾在那里教书。后来，龚澎有好几年担任过周恩来
的私人秘书。现在她是外交部部长助理。她的丈夫是外交
部副部长。两人的英语都很好。

我没有提出书面问题，也没有做记录。我事先理解，
这次交谈同 1960 年那次访问他一样，是不供发表的。当夜
一回到住处，我就尽我所能记忆的，立即把他说过的话都记
下来。第二天，使我喜出望外的是接到通知说，这次会见
时的谈话，只要不用直接引语，大部分都可以发表。幸好
我得到当时作了记录的龚澎的帮助，能够对照我自己关于
谈话的笔记加以订正，所以这篇记载大体上应该是准确的。

用毛自己的话来说，我们的谈话简直是"山南海北"，"海阔天空"，有些方面是独特的。毛当然会见过无数的人，可是招待非共产主义者的西方人来同他一起吃饭却不多见。我相信从1949年中华人民共和国成立以来，我是为了发表文章而同他交谈的第一个外国人。

为什么我能成为一个例外呢？大概是因为从他还是一个受通缉的"赤匪"住在陕西窑洞里的时候起，我就认识他了。1936年，我还是年轻的新闻记者，为了想看一看蒋介石费了10年时间试图"清剿"的究竟是些什么样的人，因而进入了中国西北地区。我是第一个进入老"红区"的新闻记者，也是第一个采访毛泽东、周恩来、林彪和其他领导人的人。毛当时43岁，很瘦，比一般中国人高，在从华南（经过康藏高原的东部）进行以"长征"闻名的6000英里英勇撤退的锻炼而变得更加坚强。我在他的窑洞里度过好多个夜晚，听他讲自己的生平，介绍到那时为止的共产党革命历史。

从那以后，整整一代的时间过去了，今天72岁的毛泽东在紫禁城的天安门隔着广场的对面，富丽堂皇的人民大会堂里一个北京式装饰的宽敞房间里接见我。

上一次我同毛谈话是在1960年，当时中国正处在经济困难之中，那是由天灾和人祸的残酷结合造成的。苏联专家突然被撤走，工业机械的供应被中断，300多个重点工程的合同突然被撕毁。农业连续第二年遭到水旱灾，几乎有一半的农作物遭到部分的或全部的毁坏。由于为"大跃进"制订的目标高得无法完成，在人民公社的试验阶段正常生产遭到破坏。只是由于实施了严格的定量配给，才避免了大规模的饥荒。当时毛曾对我说，人民还不能吃饱。他预言，在国民生产总值方面，中国需要50年时间才能赶上美国。

到1965年1月，情况已大有改善。连续3年的丰收使全国人民不仅吃饱了肚子，还积累了一些粮食和肉类的储备。各处商店都摆着便宜的基本食品和生活必需品。中国正在偿还欠苏联的最后一笔外债。（1964年10月）核装置的爆炸提供了新成就的象征，有助于恢复共产主义的和爱国主义的信心和自尊。

毛泽东本来可以带着可以理解的自豪感谈到他的"自力更生"政策，但是他没有夸口。我发现他处于作哲理思考的情绪之中，谈到他同死亡的约会，而且看上去愿意把自己的政治遗产留待后世去评价。这位老战士还有一两度精力的高潮，还有时间去发动"无产阶级文化大革命"，以使他的教导在青年身上留下持久的印记，这是到第二年才充分显示出来的。

他在同我谈话以前，连续几个星期曾同到首都来参加全国人民代表大会年度会议的许多省级领导人日夜紧张开会。如果他有病，他同我的谈话会较快地就结束了。在我们交谈的整个过程中，他看上去十分轻松。交谈从下午6点多开始，吃晚饭的时候也未停止，饭后又谈了两小时左右。

后来他的一个医生告诉我，毛没有器官方面的毛病，除了年龄关系的正常疲倦外，毫无病痛。他吃带辣的湖南菜，饭量不大，并且像过去那样随便地喝一两杯中国葡萄酒。那个晚上他大概吸了 12 支香烟。

在我们开始交谈时，来了一位摄影记者，拍了一个电影短片，毛说是应我的请求而拍的。我曾要求他准许把采访过程全部拍成电视纪录片，当时本不抱多少成功的希望。这时我说："好多年前，我请你把你的生平告诉我。开始你反对，我争论说，让中国人民和外国人民知道你是怎样的人，是什么力量在推动你工作，这是有用处的。我想你会同意，把你的传记发表出来是好事，不是坏事。如今，又有谣言说你病得很重。如果在屏幕上向全世界戳穿这些谣言是极大的夸张，那不是很好吗？"

毛带着苦笑回答说，关于这个，可能是有些怀疑吧。他不久就要去见上帝了。

我们在 1960 年的那次会见，中国报纸没有报道。1965 年我们谈话的那一天，《人民日报》登载了毛泽东和我的大幅照片，我只被介绍为"《西行漫记》的美国作者"。现在是第一次把谈话的全文在这里发表（仅仅应要求略去了一两处）。它以略有删节的方式，首先登在巴黎《新直言报》，1965 年 2 月 4 到 17 日登在东京的《朝日新闻》，不久又登在汉堡《明星报》、罗马《欧罗巴》、伦敦《星期日泰晤士报》和华盛顿《新共和》杂志。[1] 为了把

---

[1] 美国各大报纸，包括《纽约时报》，都拒绝登载这篇谈话。——原注

我自己的笔记全部写出，并把它同龚澎的笔记取得一致，有必要在文字上作小的修改（同以前发表的比较而言）。

这次谈话获得发表，又在政府和党的机关报上加以报道，这显然加重了这件事的分量，使它绝不仅是重叙旧谊。在我看来，毛泽东很可能想通过这种方式，把中国对战争与和平的条件的看法，特别是对越南问题的看法通知美国。

后来，在1970年我回到中国时，有几个朋友向我指出，毛在1960年讲的那些话，特别是关于去见上帝的话，可能是有意迷惑那些希望促他早死的人。我在国外发表的采访记从来没有照样在中国报纸上公开登载，但是据我了解，它被译成中文传达给高级党员干部。毛泽东直截了当地声明，除非中国领土受到直接攻击，中国不会介入越南。

西藏和神

我说："自从上次我见到你以来，中国经历了困难时期，但现在已出现了可观的高水平。你在1960年说，90%的人是拥护政府的，反对的只有10%。现在怎样呢？"

毛回答说，还有一些蒋介石分子，但是总数不多了。许多人已经改好了思想，这种人今后还有希望增加。至于这些人的子女，他们是可以再教育的。总之，可以说95％，甚至更多的人，是团结的，拥护社会主义的。

我心里想起了班禅喇嘛，他刚刚被撤销了西藏自治区筹备委员会代理主任委员的职务。[①] 土改即将结束，以前属于僧侣阶级及其经纪人的土地很快就要集体化了。在北京的监护下对青年和无地农奴进行13年的思想教育之后，迅速壮大了的共产党似乎已作好准备要消除古老神权统治的残余政治影响。这些新识字的人手里有了毛主义教师交给他们的科学和工业的法宝，彻底破坏了神权统治的权威。喇嘛教和它的诸神正在正式变成被遗忘的民间传说了。

我问道："你认为班禅喇嘛的问题，是他同以前压迫农奴的旧僧侣地主权力的封建联系呢，还是他作为宗教领袖的职责同与教会分离的新政权的冲突呢？"

毛回答说，这基本上是一个土地问题，而不是宗教自由问题。封建主已经失去了土地，他们的农奴得到了解放，现在做了主人。

班禅喇嘛周围的有些人还不是老得已经不能改造，还可能取得进步。班禅自己也可能改变思想。他还是全国人民代表大会的代表。现在他住在北京，但是如果他愿意的话，随时可以回拉萨去；这由他自己决定。

至于喇嘛教作为一种宗教，没有人压迫它的真正的信

---

① 1980年9月10日第五届全国人民代表大会第三次会议补选班禅额尔德尼·却吉坚赞为全国人民代表大会常务委员会副委员长。——编者

徒，所有寺庙都是开放的，宗教仪式也在继续举行①；问题在于，活佛们并不总是按照自己讲的教义行事的，而且远不是不过问政治。达赖喇嘛本人曾对毛泽东说过，他不相信自己是一个活佛，不过如果有人公开这样说，达赖不得不加以否认。许多基督教牧师和神父也完全不相信自己所讲的道，但是教徒中有很多人是真正的信徒。有些人说，毛自己从来不迷信，但事实并非如此。他提醒我说，他的母亲是个虔诚的佛教徒，经常拜佛；少年时他曾站在母亲一边反对不信佛的父亲。有一天，他的父亲走过一个荒凉的树林，碰到一只老虎——是真老虎，不是纸老虎——他拼命跑回家，马上就烧香供神。很多人不都是这样的吗？遇到困难就求神拜佛，顺利时就把神全忘了。

"中国还有神吗？"

当然有；据我所知，中国人不只有一个神，而是有许多神。什么东西都有神：门神、灶神、雨神、山神、观音菩萨，等等。连一块石头不是也能变成神吗？信伊斯兰教的还有几百万，信佛教和道教的也有几百万。还有几百万人是基督徒，包括天主教徒和新教徒。还有一些人真正信喇嘛教。

"你去过西藏没有？"

没有，他没有去过西藏，只是在长征途中路过西藏东部的边缘地区。那时他到过许多地方，可是有些地区他没

① 在"文化革命"期间，除少数寺庙外已一律关闭。——原注

有能去看看。例如，他们（指国民党）就不让他去看看云南府（昆明）。他们让他看贵州，可是不让他看贵阳。如今他大概可以去云南看看，但是还没有这样做。新疆他也没有去过。

他回忆起，他第一次告诉我，他父亲碰到老虎的事是在30年以前，他说那个时候，在第一次对国民党内战快结束的时候，他们的条件很差。然而老红军尽管人数少，却是团结和坚强的。我曾经看见他们只有轻武器。

"还有贫农团扛的长矛。"

是啊，甚至还有扫帚呢。开始时决定胜败的不是手中有什么武器。真正起决定作用的是胜利的决心和正确的目标。还有其他许多因素。现在20多年过去了，他们的武器比过去的好了，但是决定胜负的仍然是同样的那些因素。

"那时大家想的主要是从日本人手里解放中国。我那时的确没有预见到革命中国的兴起在世界上的全部意义。"

美国怎样武装了革命

毛回忆起我第一次在保安访问他的时候，他们刚开始作抗日战争的准备。1937年同蒋介石达成共同抗日的协议之后，毛的军队尽量避免同敌人的主力部队作战，而是集中力量在农民中间建立游击根据地。日本人帮了很大的忙。他们占领和焚烧了华东广大地区的村庄。他们教育了人民，激发了人民的政治觉悟。日本人创造了条件，使共产党领导的游击队能够增加兵源，扩大领土。今天，当日本人来见毛，向他谢罪的时候，他却感谢他们的帮助。他说，他那时倒是希望日本军队能打到西安，甚至重庆。如果他们那样做了，游击队的力量会壮大得更快。不仅日本共产党，而且日本社会党的左右翼，都同意日本军阀是帮助了中国共产党。

后来，在内战时期，美国政府站到蒋介石一边，这也帮助了中共。在解放战争时期，他们主要依靠蒋介石的军队转交给他们的美国武器。现在，越南的解放部队也是美国用同样的方法加以武装的。

蒋委员长一直是中共的教员。如果没有他的教育，像毛自己这样的人就不能摆脱右倾机会主义，拿起武器同他进行斗争。实际上，正是蒋介石和日本军阀直接教会他们怎样打仗，而美国则是他们的间接教员。

"西贡的有些美国评论家把越共的力量同 1947 年中国人民解放军开始大规模歼灭国民党军队时期的情况相比。两者的情况大体相当吗？"

毛不以为然。中国的第二次革命战争已经涉及到要解放整个广大国土。到 1947 年，解放军已拥有 100 多万人，同蒋介石方面的几百万军队对抗。当时解放军已经运用整师和整军的兵力，而南越解放部队现在还只是以营或至多以团为单位在作战。美国在越南的兵力还比较少。当然，如果他们增加，就有助于加速把人民武装起来反抗他们。但是，如果我对美国领导人说，他们是在培植一个最后将把他们打败的革命运动，他们是听不进去的。他们不愿意让越南人决定自己的事务。他们听过吴庭艳的话吗？胡志明和他（毛）都认为吴庭艳还不是那么坏。他们曾希望美国人多维持他几年。但是性急的美国将军们越来越讨厌吴庭艳，把他干掉了。可是，在他被暗杀之后，天地间是不是安宁些了呢？

"越共部队现在单靠自己的力量能够获胜吗？"

他说，是的，他认为他们是能够的。他们的处境比中国第一次（革命的）内战时期共产党的处境要好一些。那时没有外国的直接干预，而现在越共已经有美国的干预来帮助武装和教育它的官兵。反对美国的人不再限于解放军了。就是吴庭艳也不愿听命于人。这种独立性现在已扩大到将军中间。美国教员正在取得成功。

我问这些将军中是否不久会有人参加到解放军来。毛说是的，有些人最终会学国民党将领的样转到共产党这边来的。

关于第三世界

我问："美国干涉越南、刚果和其他旧殖民地，从马克思主义的观点来看，提出了一个理论上的问题。这个问题就是，新殖民主义同法国人喜欢称之为'第三世界'（亚非拉的所谓不发达国家、旧殖民地或仍然是殖民地的国家）的革命力量之间的矛盾，是不是今天世界上的主要政治矛盾？还是你认为，基本矛盾仍然是资本主义国家之间的矛盾？"

毛泽东说，他对这个问题还没有形成一定的意见。或许我可以帮他一下？他指出肯尼迪总统也曾对这个问题有兴趣。肯尼迪不是宣称过，就美国、加拿大和西欧而论，并没有多少真正的和基本的分歧？总统说过，今后真正成问题的是在南半球。这位已故总统既倡导建立"特种部队"和进行对付"地区性革命战争"的训练，他也许已经考虑过我提出的这个问题。

另一方面，帝国主义国家之间的矛盾是过去引起两次世界大战的原因，它们反对殖民地革命的斗争也并没有改变它们的性质。那些战争的目的不是为了重新瓜分殖民地吗？如果再发生大战，其目的不会是为了重新划分对所谓不发达国家的控制吗？事实上，所谓发达国家今天也不是那么团结的。拿法国来说，你可以看出戴高乐采取他的政策有两个动机。第一，摆脱美国的控制，闹独立性。第二，企图调整法国的政策，以适应在亚非拉发生的变化。其结果是加剧了帝国主义国家之间的矛盾。但是，法国是它所谓的"第三世界"的一部分吗？关于这个问题他最近问过一些法国来的外宾，他们都说不是，说法国是一个发达国家，不可能是不发达国家的"第三世界"的一员。看来问题不是那么简单。

"是否可以说，法国是在'第三世界'之内，但不属于'第三世界'？"

也许是这样。引起肯尼迪总统兴趣的这个问题，曾促使他去研究毛泽东有关军事的著作（毛说他读到过这个消息）。毛还从阿尔及利亚朋友那里知道，在他们同法国作战时期，法国人也阅读他的著作，运用他的论述去对付他们。但那时他告诉过阿尔及利亚总理阿巴斯，自己的著作是根据中国的经验写的，反过来用是没有效果的。这些著作可以适用于人民解放战争，但对反人民的战争是无用的。它们并没有挽救法国人在阿尔及利亚的失败。蒋介石也研究过共产党的材料，但同样挽救不了自己。

毛说，中国人也研究美国人写的书，但是他们用来打反人民的战争就不好了。例如，他读过美国驻西贡大使马克斯韦尔·泰勒将军写的《音响不定的号角》这本书。泰勒将军的看法是，核武器未必能使用，所以非核武器将起决定性作用。他赞成发展核武器，但希望把发展核武器的优先权交给陆军。现在他有机会试验他的特种战争理论了。他是去年6月才赴越南就任的，呆的时间还没有朝鲜战争那么长。泰勒将军在越南会得到一些宝贵的经验。

毛还看到过几篇美国当局发给部队的关于如何对付游击队的文章。这些指示谈到游击队的缺陷和军事上的弱点，认为美国有希望获胜。他们没有看到那个起决定作用的政治事实，即不管是吴庭艳还是其他傀儡，一个脱离群众的政府是决不能扑灭解放战争的。帮助这样的政府决不会有什么好结果。可是美国当局不会听他的话。他们也不会听我的话。

我问："在东南亚，在印度、非洲甚至拉丁美洲的某些国家，存在着一些与引起中国革命的社会条件相似的社会条件。每个国家有它自己的问题，解决的办法也很不相同，但是我不知道你是否同意，将来发生的社会革命有许多地方可以借鉴中国的经验？"

他回答说，反封建和反资本主义的情绪同反帝和反对新殖民主义结合在一起，是过去的压迫和欺侮的结果。哪里有压迫和欺侮，哪里就有革命，但在大多数我所说的国家里，人民只寻求民族独立，而不是寻求社会主义——那完全是另外一回事。欧洲国家也曾经历反封建的革命，但美国并没有真正的封建时代。

我说："美国南方各州在蓄奴时期也经历过短暂的地区封建主义时期。过了 100 年之后，以前的奴隶仍在为争取社会平等和政治平等而斗争，所以不能说在美国没有封建势力的影响。"

他说，美国先打了一次进步的、从英帝国主义统治下争取独立的战争，然后打了一次为建立自由劳工市场的内战。华盛顿和林肯是他们那个时代的进步人物。当美国刚建立共和国的时候，欧洲所有的帝王都恨它和怕它。这表明在当时美国人是革命的。现在，美国人民需要为从本国垄断资本家的压迫下争取解放而进行斗争。

我是美国哪个地方的人？

我说："我出生在中西部的密苏里州，它的地理位置相当于你的故乡湖南省。我们那里没有出过革命家，不过密苏里州出了马克·吐温和哈里·杜鲁门——两个完全不同的人物。密苏里不是一个蓄奴的州，但它是美国印第安人故乡的一部分，从印第安人那里夺过来还不到200年。美国人认为自己不是帝国主义者，但美国的印第安人持有不同的意见。中国对少数民族的掠夺就没有这样残酷。3000年后的今天，一半以上的地区属于少数民族，你们还有近5000万非汉族的自治区人民。今天汉族和少数民族的关系怎样？"

他说，正在改善中。一句话，重要的是要尊重他们和以平等相待。

我说："我们都知道，属于第三世界范畴的大约占地球陆地面积3/5的地区，存在着非常尖锐的问题。人口增长率和生产增长率之间的差距越来越大。他们的生活水平同富裕国家的差距正在迅速扩大。在这种情况下，能有时间等待由苏联来显示社会主义制度的优越性——然后再等100年让议会主义在不发达地区兴起而和平地建立社会主义吗？"

毛认为不会等那么久。

"这个问题或许同中苏之间意识形态的争论有联系吧？"

他同意有联系。

"你是否认为有可能，不经过另一次世界大战，第三世界新兴国家就不仅能完成民族解放，而且完成现代化？"

他说，恐怕不能用"完成"这个词。大多数这类国家离社会主义革命还很远。有些国家里还完全没有共产党，另外一些国家里只有修正主义的党。据说拉丁美洲大约有 20 个共产党，其中 18 个党作出了反对中国的决议。他停了一下，最后说，只有一点是肯定的：哪里有严重的压迫，哪里就会有革命。

赫鲁晓夫和个人崇拜

我说："西方的评论家，特别是意大利的共产党人，严厉批评苏联领导人用搞阴谋和不民主的方法把赫鲁晓夫踢开。你对这件事的看法如何？"

毛没有直接答复这个问题。他回答说，赫鲁晓夫先生就是在下台以前，在中国也不是很得人心的。他的画像极少看到。但是在赫鲁晓夫下台以前，中国书店里有他的著作出售，而且现在还在出售，可是在苏联就不是这样。这个世界需要赫鲁晓夫；他的阴魂还不会就散。喜欢他的人肯定还有。他作为反面教员，中国是惦记他的。

"根据你自己的三七开的标准——即一个人的工作如果有 70％正确，只有 30％错误，就可以认为是满意的了——你对苏联党现在的领导人判多少分？距离及格还有多远？"

毛说，他不想这样来议论现在的领导人。

"中苏关系是不是有所改善？"

可能有一些，但不多。主要的差别是，赫鲁晓夫退出舞台，使他们少了一个争论文章的好目标。

我说："苏联人批评中国在提倡'个人崇拜'。这有没有根据？"

毛认为也许有一些根据。据说斯大林曾经是个人崇拜的中心，而赫鲁晓夫则完全没有。批评者说，中国人有一些这种感情或做法。这样说也许有些道理。赫鲁晓夫先生的倒台，大概就是因为他完全没有个人崇拜……

我说："你在中国进行革命，同时也使外国的'汉学'起了革命变化，现在出现了各种的毛派和北京学派。不久前我出席了一个会议，一些教授在争论你对马克思主义究竟有没有作出什么独创的贡献。会后我问一位教授，如果能够说明毛从未自称有过任何创造性的贡献，这对他们的争论会不会产生影响？那位教授不耐烦地回答说，'不会有影响。那完全是不相干的。'"

毛笑了起来。他说，2000 多年前，庄周写了关于老子的不朽著作（《庄子》）。后来出现了诸子百家，争论《庄子》的意义。

我说："我上次在 1960 年见到你时，曾问你有没有写过自传，或者是不是打算写自传。你回答说，除了已对我讲过的有关你生平的一些事情外，你没有写过。但是有些教授发现了你写的'自传'。当前教授们在争论的一个问题是，你的有名的哲学论文《矛盾论》和《实践论》，是像《毛泽东选集》里所说，是在 1937 年夏天写的，还是实际上是在几年以后才写的。我自己好像记得，在 1938 年夏天看到过这两篇文章未出版的手抄的翻译稿。你可以告诉我这两篇文章究竟是在什么时候写的吗？"

他说，确实是在 1937 年夏天写的。在卢沟桥事变①前后的几个星期里，他在延安有一段暂时空闲的时间。军队开赴前线了，毛腾出时间来收集材料，准备在（延安）抗大作关于哲学基础的讲演。这批青年学生经过 3 个月的短期训练，准备在今后几年做政治辅导工作，需要为他们写一些简明而基本的讲义。在党的坚持要求下，毛写了《矛盾论》和《实践论》，总结了中国革命的经验，把马克思主义的基本原理和中国的具体的日常实例结合起来。毛说，他大都在夜里写，白天睡觉。他花了几个星期写成的东西，讲课时两小时左右就讲完了。毛还说，他自己认为《实践论》比《矛盾论》更重要。

我问："西方研究毛泽东的专家把一篇没有收入《选集》的题为《辩证唯物主义》的文章说成是你的著作。②你写过这样一篇文章吗？"

毛要我把问题重复一遍。他回答说，他从没有写过题为《辩证唯物主义》的文章。如果写过，他是会记得的。

---

① 日本入侵中国关内的起点，这件事毛已经预见到；他的预言的准确性大大提高了他作为党内和国内领袖的威信。——原注
② 见伦敦英文的《中国季刊》，第 19 期，1964 年 7 至 9 月。——原注

我问："从 1927 年起，你就忙于学习打仗。在 1937 年以前，你抽出时间读过黑格尔的著作吗？"

毛说，他读过黑格尔，在那以前还读过恩格斯。他还说（也许想到了他的美国批评家们），他从来没有读过美国的马克思主义理论家的著作。美国有优秀的马克思主义理论家吗？我问他在年轻时有没有听到过索尔斯坦·维布伦写的《有闲阶级理论》？即使有过中译本，毛也没有见过。我提到爱德华·贝拉米的《回顾》一书，它对 19 世纪美国的空想社会主义者有过很大影响，它的预言性使它今天读起来仍是很有趣味的。至于现代美国马克思主义思想家，有保罗·斯威齐著的《资本主义发展的理论》。毛说，遗憾的是，这些书他都没有读过。

原　子　弹

我说："说到老虎，过去我们谈过，你现在还认为原子弹是纸老虎吗？"

他说，那只是一种说话的方式，一种形象化的说法。当然，原子弹能够杀人。但最终人将消灭原子弹。到那个时候，它就真的变成了纸老虎。

"有人引用过你的话，说是因为中国人口众多，所以不像别的国家那样害怕原子弹。别的国家的人民可能全部被消灭，但中国还会有几亿人留下来，重新再干。这种报道有根据吗？"

他问我，照他们所说，他是在什么时候和怎样说这番话的。我回答说，一个来源是来自一个南斯拉夫的外交官，他宣称毛说过，即使欧洲人全部被消灭，中国还会有3亿人留下来。

毛答道，他不记得说过那样的话，但是他可能说过。他只记得尼赫鲁（在1954年10月）访华时同他的一次谈话。根据他的记忆，他说过中国不要战争。他们没有原子弹，但是如果其他国家要打仗，全世界会遭难，意思是要死许多人。究竟死多少，谁也不知道。他不是单讲中国。他不相信一颗原子弹会毁灭全人类，以致找不到一个政府来谈判和平。他同尼赫鲁谈话时谈到过这一点。尼赫鲁说，他是印度原子能委员会的主席，他知道原子能的破坏力量。他确信没有一个人能生存下来。毛回答说，大概不致像尼赫鲁所说的那样吧。原有的政府也许消灭了，但别的政府会起来代替它们的。

他听说美国人拍了一部叫《在海滩上》的电影，描写核战争带来世界的末日。是一部科教片吗？

"这是所谓科学小说。"

毛说，不久前赫鲁晓夫宣称他有一种可以杀死所有生物的致命武器。后来他马上收回了他这个声明——不止一次，而是好多次。毛不会否认他讲过的话，他也不希望我为他去辟这个所谓的谣（关于经过核战争中国还能有几亿人生存下来）。美国人也谈了很多原子弹的破坏性，赫鲁晓夫对此更是大做文章。在这方面（在夸耀自己的破坏能力方面），他们都超过了他，所以他比他们落后，不是吗？①

但是他最近看到报道，美国人在比基尼进行核试验6年后去那个岛进行调查。从1959年起，研究工作者一直在比基尼。他们第一次进入主岛时，不得不在灌木丛中砍出小道。他们发现老鼠跑来跑去，鱼照常在河里游。井水可供饮用，到处草木茂盛，鸟儿在枝头鸣啭。细菌繁殖率达到每平方亩400公斤。核试验后大概有两年情况不好，但是自然界还是继续发展。老鼠怎么还会活着呢？植物的生命被破坏了，但种子却没有，它们休眠了，直到地面重又净化。对细菌、鸟、鼠和树木来说，原子弹实在是纸老虎。对人类来说，它也许又有所不同吧……

毛的最后一句话的更深刻的含义是（龚澎事后也同意我的这个看法）：即使人类从地球上消灭了（进行大规模的自杀），生命不可能被人造的原子弹消灭。

裁　军？

各国政府都在谈论全面彻底裁军。长期以来，中国就在建议裁军。苏联也是这样。美国也不断谈裁军。但是我

们得到的却是全面彻底扩军。

我说："约翰逊总统可能会发现，要一个一个地解决东方的问题是困难的。如果他想使世界面对那些问题的实际复杂性，也许一个较好的办法是直接接触问题的核心，方法是接受中国的倡议，召开首脑会议来讨论全面销毁核武器。"

毛表示同意，但最后说，这是完全不可能的。即使约翰逊先生自己有意召开这样一个会议，他终究不过是垄断资本家的一个"皇粮庄头"——他们是决不会允许这样做的。中国只进行过一次原子爆炸，也许有待证明，可以一分为二地分下去，以至无穷。但是中国并不想要一大堆原子弹，既然未必有哪个国家敢于使用原子弹，它们实在是毫无用处的。为了进行科学实验，有几颗也就够了。中国手里连一颗原子弹也不想要。

"我记得你告诉过我关于华南一个无知的地方军阀的故事，他贴出一张告示，悬赏捉拿那个据说带领一些土匪制造了许多麻烦的'苏维埃先生'。现在引起麻烦的是'中国原子弹先生'。为什么会这样呢？"

是的，毛担心他的名誉不好；帝国主义者就是不喜欢他。他们不喜欢"中国原子弹先生"。可是把一切都归罪于"中国原子弹先生"，掀起反华运动，这难道公道吗？难道是中国杀了吴庭艳？然而这件事毕竟发生了。肯尼迪总统被暗杀时，中国（共产党）人感到非常吃惊。他们可没有谋划暗杀他。赫鲁晓夫在俄国被撤职的时候，中国人又一次大吃一惊。他们并没有下命令叫这样做呀。

关于联合国

我问："印度尼西亚已退出联合国，并博得中国的喝彩。① 你是否认为这个行动开了一个先例，其他国家将会跟着退出吗？"

毛说，首先开先例的是美国，它把中国排除在联合国之外。现在大多数国家可能会不顾美国的反对而赞成恢复中国在联合国的席位了，于是有了一个新的计策：不能凭简单多数而是需要有 2/3 的多数。但是问题在于，中国过去 15 年呆在联合国外面，究竟是有所得还是有所失？印度尼西亚觉得留在联合国里好处不大，所以退出了。至于中国，它本身不就是一个联合国吗？中国的几个少数民族，任何一个在人口和领土方面都比联合国中投票帮助剥夺中国席位的某些会员国要大得多。中国是个大国，它在联合国外面要做的事情已经够忙的了。

我的意见如何？过去 15 年中国如果留在联合国里会好些吗？

我说："是的，也许是这样，如果这不意味着把一个

---

① 在陆军推翻苏加诺并摧毁了印尼共产党之后，印度尼西亚在 1966 年重返联合国。——原注

中国分为两个中国的话。但现在有些人说，中国在任何情况下都不想参加联合国——？"

这样讲不好。如果联合国2/3的国家邀请中国参加，而中国人不接受，那中国人不是要被叫做民族主义者（即反国际主义者）了吗？但是，即使联合国决定承认大陆中国而不再承认台湾集团，不是仍旧存在着困难吗？他们怎么能够一面给中国席位，一面又仍旧谴责中国为侵略者呢？（指中国在美军进入北朝鲜后进行干预，被联合国决议称为侵略者一事。）但是假定从中国头上摘掉侵略者这顶帽子，那又会怎样呢？联合国会指责美国是对越南的侵略者吗？大概美国不会同意这样的变化吧。因此，中国还没有要进入联合国的危险。

"现在考虑组织一个把美国排除在外的各国联盟，是不是行得通？"

毛指出，这样的论坛已经存在。一个例子是亚非会议。另一个是新兴国家运动会，它是在美国不让中国参加奥林匹克之后组织起来的。

（原定1965年3月在阿尔及尔召开的亚非会议的筹备工作，因为许多问题而发生困难。其中包括印度尼西亚与马来西亚的争端，以及参加万隆会议的亲华国家坚持苏联不能参加亚非会议，因为它完全是个欧洲国家。当时中国认为亚非组织是基本上不依赖新殖民主义和西方资本的第三世界进行有计划的开发的潜在中心。在国内建设上采取中国的"自力更生"方针，并在亚非各国之间实行互助，这样，就可能在现代化的过程中避免用传统的资产阶级式积累资本的既缓慢又痛苦的办法。这样一种另一条发展道路的理论，意味着要在缺乏资本的亚非各国进行更加迅速和彻底的政治改革和前社会主义条件的早日到来。一个时期以来，人们显然还把亚非会议看作是穷国组成的潜在的永久性机构，这个机构将独立于美国控制的联合国之外，因为联合国把中国和它最亲密的盟国拒之门外，而最近印度尼西亚也退出了。事态正在向另一方向变化，很大程度上是受了中苏敌对的推动。）

中国人口有多少？

我问道："主席先生，在中国自己这个联合国里，实际上究竟有多少人？你能根据最近的调查，给我一个人口数字吗？"[①]

毛回答说，他确实不知道。有人说有 6.8 亿到 6.9 亿，但是他不相信。哪能有这么多？

我提出，光根据定量供应的布票和粮票就应该不难计算；毛指出农民有时把情况搅糊涂了。解放前，他们生了儿子隐瞒不报，为的是怕抽壮丁。解放后，他们倾向于多

---

① 1964 年春夏中国进行过一次抽样人口调查，但没有发表正式的结果。——原注

报人数，少报土地，缩小产量，夸大灾情。现在，孩子一出生马上登记，但是死了人就可能几个月不报。（他的意思似乎是，他们这样做是为了多得供应票证。）毫无疑问，出生率确实下降了，但农民还迟迟不愿意实行家庭计划和节制生育。死亡率的下降大概要大于出生率的下降。平均寿命从以前的30岁左右已经延长到近50岁了。

美国在越南

我问："你对美国有什么忠告吗？"

他们早已提出过，美国应该撤一点军队。美国的手伸到了全世界。像往常一样，美国统治者不听劝告。

美国的处境困难，特别是在越南。撤走不好，不撤也不好。哪里有风吹草动，美帝一定得派出军队，先开到这里，然后又开到那里。

我听到有人在华盛顿争辩说，舰队和海军陆战队派往越南，跟呆在别的地方一样。反正都得花钱。

是的，他们有许多事情要干。反动派到处需要他们帮忙。比如，刚果就是这样。到最后，他们都得回家去。以前中国看到过美国军队驻在天津、青岛、上海，甚至北京。他们已经全都走了。事实上他们很快就走了。

在中国取得反帝革命胜利的条件是：第一，蒋介石领导的旧统治集团软弱无能，这个人经常吃败仗。第二，人民解放军很强，有得力的领导，人民也信任它。在这些条件不具备的地方，美国人就能进行干预。否则他们就来不了，或者很快就得离开。

我们吃晚饭的时候，毛问，我是否认为约翰逊先生在越南能够试行一种跟他的前任们有所不同的政策。我说，大概不会吧；沿着老路陷得更深更容易一些。但是，越南战争不得人心，而约翰逊先生想得人心。他的政府面临着许多国内问题，扩大在亚洲的战争不能真正解决这些问题。可是权衡之下，既然胡志明和毛泽东大概不会给约翰逊先生提供"一条有吸引力的出路"，那么他非到代价变得十分巨大的时候，看来是不会离开的。我已对陈毅外长谈过我的看法："今年年底美军在越南增加到 10 万，我是不会感到意外的。"

毛问，约翰逊先生面临什么国内问题。

我举了几个明显的例子，包括失业问题，失业率在黑人中间特别高，这加剧了种族关系的紧张。当然，战争可以暂时减少失业人数。自动化也是造成失业的一个因素，我还提到大量人口离开农场，那里的机械化和资本化消灭了很多小业主，把几百万丧失土地的人抛到城市劳动力市场中去。现在只需要美国总人口的 8% 左右，就可以生产比本国所能消费的还要多的粮食。

毛要我把这个数字重复一遍。当我这样做的时候，他怀疑地摇摇头。他只说了一句：这怎么可能呢？

中国和美国

我说："过去 15 年，历史的各种力量把美中两国人民分开，几乎断绝了一切交往，我个人自然感到遗憾。今天，这个鸿沟似乎比过去更扩大了。但是，我自己不相信会最终发展到战争，造成历史上最大的悲剧之一。"

毛说，历史的各种力量最后也必然会把两国人民再带到一起来的；这个日子一定会到来。也许我是对的，在那以前战争是可以避免的。

只有美国军队入侵中国，才会发生战争。他们可能来，他们也可能不来。如果他们来，他们确实不会得到很多便宜。那简直是不允许的。美国领导人大概知道这一点，因此他们不会入侵中国。这样就不会有战争，因为如果他们不派军队到中国来，中国当然决不会派军队去进攻美国。

"因为越南问题而引起战争的可能性如何？我看到许多报纸消息说，美国考虑过把战争扩大到北越。"

不，那是不会发生的。现在腊斯克先生已明确表示，美国不会那样做。腊斯克先生早些时候可能说过那样的话，但是现在他本人已更正了，说他从没有说过这样的话。因此在北越不至于有什么战争。

"根据我有时同包括迪安·腊斯克的几个美国高级官员的谈话来判断，我可以说，美国政策的制定者和执行者，也就是美国的统治者，简直不了解你。"

为什么不了解？中国军队是不会越出国境去打仗的。这点很清楚。只有美国进攻中国，中国人才会应战。这不是很清楚的吗？中国人自己国内的事务已经够忙的了。越出国境去打仗是犯罪的。为什么中国人要那样做呢？越南南方人民是能够应付局面的。

"美国官员一再说，如果美国军队从越南撤走，整个东南亚就将被占领了。"

毛说，问题在于被谁"占领"。是被中国人占领，还是被本地居民占领？中国是被占领过的，但只是被中国人占领。

"现在越南有中国军队吗？"

毛肯定地说，在北越或东南亚的任何其他地方都没有中国军队。中国在自己国境以外没有一兵一卒。

"迪安·腊斯克说过，如果中国放弃侵略政策，美国将从越南撤退。他说这话是什么意思？"

毛回答说，中国没有什么侵略政策好放弃。中国在侵略什么地方？中国不曾有过侵略行为。中国支持革命运动，但不是靠入侵别的国家。当然，什么时候解放斗争起来了，中国就发表声明、举行示威来支持它。使帝国主义感到烦恼的正是这些事情。

毛接着说，有时中国故意大喊大叫，例如围绕金门和马祖的问题。那里的一阵炮轰，就能引起很大的注意，这也许是因为美国人远离家乡，所以感到不安。试想，在中国领海内打几发空炮，能起什么作用？不久前，美国认为在台湾海峡的第七舰队不足以对付这些炮弹，又把第六舰队的一部分朝中国调来，还从旧金山调来了一部分海军。到了这里，他们发现没有事可做。所以，看来中国能够把美国军队调来调去。

对蒋介石的军队也是一样。他们能够调动蒋介石一会儿向这边跑，一会儿又向那边跑。当然，海军穿暖了，吃饱了，总得给他们点事情做。但是，在自己国内放空炮被称为侵略，而那些真正进行武装干涉，轰炸和焚烧别国人民的人，却不算是侵略者，这是什么道理？

有些美国人曾经说，中国革命是俄国侵略者领导的，但实际上中国革命是美国人武装起来的。同样，越南革命也是美国人而不是中国武装起来的。最近几个月，解放力量不仅大大增加了他们得到的美国武器供应，而且还吸收南越傀儡军中美国训练出来的士兵和军官进行扩充。中国的解放军过去争取过来美国人为蒋介石训练和装备的士兵，壮大了自己的人数和力量。这个运动称为"换帽子"。当国民党士兵对长官失去信任，感到自己会无谓地牺牲，戴错帽子会被农民杀死，因而大批地换帽子的时候，战争也就快结束了。现在在南越傀儡军中，换帽子越来越盛行了。

"你的意思是说，现在南越存在着解放阵线获胜的形势吗？"

毛认为美军还不准备离开。战争或许还要继续一两年。然后，美军会发现呆下去没有味道，于是就可能回家去或者到别的什么地方去。

"我从最近周恩来总理的一次谈话中理解到，除非美国先从越南撤军，否则中国将反对召开日内瓦会议来实施 1954 年协议。你们现在的政策是不是坚持要美军撤退，然后才参加日内瓦会议，来讨论统一了的越南的国际地位？"

主席说，他不知道周总理是怎么对我说的。他自己认为有几种可能性应该提一下：第一，会议可能先开，接着是美军撤退。第二，会议可能推迟到美军撤退以后开。第三，会议可能开，但美军可以留驻在西贡周围，像南朝鲜的情况那样。最后，越南南方解放阵线可能把美军赶走，不开什么会议，也不达成什么国际协议。

1954 年日内瓦会议规定法国军队从整个印度支那撤退，并禁止任何其他外国军队进行任何干预。可是美国破坏了日内瓦协议，这种事今后也还可能发生……老实说，美军呆在南越是一件好事，它训练了人民，壮大了解放军。光一个吴庭艳不够，正像过去在中国光一个蒋介石还不够，必须要有一个日本来占领这个国家达 8 年半之久。只有到那时，这个国家才锻炼出能干的领导人，才建成一支强大的、能够打败国内反动派和赶走美帝的革命军队。

"如果美国采取和平政策，提出把它的军队撤出南朝鲜、台湾、整个东南亚和国外的所有地区，只要中国和其他国家同意，不但彻底销毁核武器，而且在全世界实行全面裁军，中国将作出什么反应？"

毛说，老实讲，这种念头他从来没有想过。

"我从未会见过约翰逊总统，但是我想，如果你有什么特别口信要给他，我也许能够转给他。你有什么话要对他讲吗？"

主席停了一下说："没有"。

我问："在目前这种情况下，你是否真正看到有什么改善中美关系的希望吗？"

是的，他认为有希望。不过需要时间。在他这一代（这一辈子）也许不会有改善了。他不久要去见上帝了。

去 见 上 帝

"说到你的健康，我们过去没有谈过，从今天晚上来判断，你看来身体很好。"

毛泽东苦笑着回答说，这点也许还有些疑问。他又说，他准备很快就要去见上帝了。我相信吗？

"我不晓得你的意思是不是说，你要去弄清楚上帝是不是存在。你相信上帝吗？"

不，他不相信，但有些自称知情的人说，确有上帝。似乎还有许多上帝，有时候同一个上帝还能支持所有各方。在欧洲的战争中，基督教的上帝曾站在英国人、法国

207

人、德国人等等的一边，甚至在他们互相残杀时也是这样。在苏伊士运河危机时，上帝支持英国人和法国人的联合，而另一方面则得到安拉的支持。

在晚餐时，毛提起他的两个弟弟都已被杀害。[①] 他的第一个妻子也在革命时期（1930年）被害，他们的儿子是朝鲜战争中牺牲的。他说，奇怪的是，至今死亡总是放过了他。他好几次准备了要死，但死亡看来就是不要他。他有什么办法呢？有几次看来他要死了。他的一个警卫员紧挨他站着时被打死了。有一次他全身溅满了另一个士兵的鲜血，可是炸弹没有碰到他。

"那是在延安吗？"

在延安也是这样。他的一个警卫员在长征途中被打死。另外还有过几次死里逃生。按照辩证法的规律，一切斗争最后都必须得到解决，地球上人的生存斗争也是这样。

"放过你的性命的这些意外命运，成全了也许是中国历史上最杰出的事业。在中国全部悠久的历史中，我不记得有任何人曾像你这样崛起于默默无闻的农村，不但领导一场社会革命获得成功，而且写下了这个革命的历史，制定出获得军事胜利的战略，阐明了一种改变中国传统思想的意识形态学说，然后在一种新的文化中实践了自己的哲

---

① 毛泽东的小弟弟毛泽覃1935年在战斗中牺牲。大弟弟毛泽民，在完成长征后于1943年在新疆的一次反共清洗中被杀害。——原注

学，这种新文化对全世界产生广泛的影响。"

毛想了一下然后说，我知道，他的生涯是从做小学教员开始的。当时他没有想到打仗，也没有想到成为共产党人。他像我一样，多少是个民主人士。后来——他有时也感到奇怪，是哪些原因偶然凑合的结果——他才变得有志于建立中国共产党。不管怎样，事情的发展是不以个人的意志为转移的。重要的是，中国受到了帝国主义、封建主义和官僚资本主义的压迫。事实就是这样……

"在1937年听过你演讲的青年，后来在实践中懂得了革命，但是今天的中国青年能有什么代替物呢？"

当然，现在中国20岁以下的人从来没有打过仗，从来没有见到过帝国主义者，也从来不知道当权的资本主义。他们对旧社会没有一点直接知识。父母可以讲给他们听，可是听讲历史和读书，跟亲身经历过是不同的。

"人类创造自己的历史，但他是按照自己的环境来创造的。你已经从根本上改变了中国的环境。很多人发生疑问，在比较安逸的条件下成长起来的年轻一代将做出些什么来。你对这个问题是怎么想的？"

他说，他也不可能知道。他不相信有谁能够确有把握地知道。有两种可能。一种可能是革命继续向着共产主义发展。另一种可能是青年人否定革命而干坏事：同帝国主义讲和，让蒋介石集团的残余分子回到大陆，站到国内仍然存在的极少数反革命分子一边去。我问到他的意见。当然，他不希望发生反革命，但将来的事情要由将来的后代去决定，而且按照我们不能预见的条件去决定。从长远来看，将来的后代应当比我们更有知识，正像资产阶级民主时期的人比封建时期的人更有知识一样。他们的判断，而不是我们的判断将起决定作用。今天的青年和未来的青年将按照他们自己的价值标准来评价革命的工作。

毛的声音低下去了，他半合上了眼睛。人类在这个地球上的处境变化得越来越快了。他说，从现在起 1000 年之后，所有我们这些人，甚至马克思、恩格斯和列宁都在内，大概会显得相当可笑吧。

在我站起来告别之前，毛要我转达他向美国人民的致意，并且只简单地说他祝他们进步。如果他祝他们得到解放，有些人一定会不同意吧？他们岂不会说他们已经有了选举权吗？但是对其中那些没有真正获得解放和要求解放的人，对这些人他致以最良好的祝愿。

毛泽东送我到门口，尽管我一再辞谢，还是看我上了车，他在零度以下的北京的冬夜，没穿大衣，一个人在那里站了一会，以文化古都的传统方式，向我挥手告别。大门口周围我没有看到警卫人员，现在我也想不起，整个晚上在我们近旁看到过一个武装的警卫员。只有两三个服装简朴的年轻妇女在房间里进进出出，有时站在后面，像是服务员。她们会是毛的女儿吗？当他站起来时，有一位过来搀扶他的手臂。

毛同我握了手，嘱咐我要谨慎小心，引用了一句中国的格言："天有不测风云。"

车子开动后，我回过头，望见毛挺直了身体，徐步转身，走进人民大会堂去。

（《漫长的革命》1972 年版）

1970 年的谈话

毛泽东主席在去年 12 月 18 日在北京同我进行的一次长达 5 小时的谈话中，表述了他对中美关系、中俄关系和对外关系方面的其他一些问题以及对无产阶级文化大革命及其后果的一些看法。

毛批评了对毛"个人崇拜"的专讲形式的做法，解释了为什么在文化革命期间曾有必要采取这种讨嫌的做法，并且预言这种做法将逐渐改变。他说，人民共和国政府不久将让能代表美国广泛的政界和新闻舆论界的右、中、左三方面的一些人访问中国。他谈到赞成同美国最高级官员（包括尼克松先生在内）开始进行谈话。他说他寄很大希望于美国人民，认为美国人民将是一支有益于世界的潜在力量。

毛泽东强调说，他不希望进行接见记者式的谈话。我们进行的是一次交谈。但是，只是在最近我才能够证实他不反对在不直接引用原话的情况下发表他的某些意见。

那是在清晨，我们共进了早餐，一直谈到 1 点左右。

毛宽敞的书房里四面都是书架，书架上摆满了数以百计的中文书籍，其中也有少量的外文书籍。许多书中插着注有解释的、作书签用的纸条。大写字桌上高高地堆着报刊和手稿。这是正在从事写作的作家的工作室。通过宽敞的窗户，可以瞥见园景，据说主席亲自在园子里种植蔬菜和试种庄稼。

我们议论了我写的关于我们上次1965年1月谈话的报道，在那篇报道中，我曾写道，他承认中国确有"个人崇拜"，此外，有理由要有"个人崇拜"。因为我写了这一点，有些人曾批评过我。

毛说，所谓"四个伟大"——对毛本人的称号——"伟大的导师、伟大的领袖、伟大的统帅、伟大的舵手"讨嫌。总有一天要统统去掉。只剩下"Teacher（导师）"这个词，就是教员。毛历来是当教员的，现在还是当教员。甚至在他成为共产主义者之前，他就是长沙的一个小学教员。其他的称号一概辞去。

我说："我常常想，不知道那些呼毛口号最响，挥动旗子最起劲的人，是不是——就像有些人所说的——在打着红旗反红旗。"

毛点点头。他说，这些人分三种。一种是真心实意的。第二种是随大流的——因为别人喊"万岁"，他们也跟着喊。第三种人是伪君子。我（按：指斯诺）没有受这一套的骗是对的。

我说："我记得，就在你1949年进北京之前，中央委员会通过了一个决议——据说是根据你的建议——禁止用任何人的名字来命名街道、城市或地方。"

他说，是的，他们避免了这种做法；但是，其他的崇拜形式出现了。有那么多的标语、画像和石膏像。红卫兵坚持说，如果你周围没有这些东西，你就是反毛。在过去几年中，有必要搞点个人崇拜。现在没有这种必要了，应当降温了。

他接着说，但是，难道美国人就没有自己的个人崇拜吗？各个州的州长、各届总统和内阁各个成员没有一些人去崇拜他，他怎么能干下去呢？总是有人希望受人崇拜，也总有人愿意崇拜别人。他问我说，如果没有人读你的书和文章，你会高兴吗？总要有点个人崇拜嘛。

毛泽东对这种有关神和上帝的现象——人需要被人崇拜，也需要崇拜别人——显然考虑过很多。在以前的访问中，他曾详细谈过这个问题。

我说："伏尔泰曾写道，如果没有上帝，人类也必须造一个。在那个时代，如果他表示他是一个彻底的无神论者，他就可能掉脑袋。"

毛同意，许多人因为说了比这要轻得多的话就掉了脑袋。

我说："自那时以来我们已经取得了一些进步。人类已经在一些事情上改变了上帝的观点。其中的一件事就是节制生育，在这个问题上，中国现在同5年或者5年以前比较起来有了很大的变化。"

他说，没有。说我（按：指斯诺）受人欺骗了。在乡下，妇女仍然想要男孩。如果第一个和第二个孩子都是女孩，她还想再生一个。如果生了第三个，还是个女孩，这位母亲还想再生。很快就生了9个。这位母亲已经45岁左右了，她最后只好决定就这样算了。这种态度必须改变，但是需要时间。在美国情况也许一样吧？

毛说，要男女完全平等，现在不可能。但是在中国人和美国人之间无须有偏见。可以相互尊重和平等。他说他寄很大希望于这两国人民。

如果苏联不行，那么他将寄希望于美国人民。单是美国就有2亿多人口。生产已经高于各个国家，教育普及。他将高兴看到在那里出现一个党来领导革命，虽然他并不预料在最近的将来就会出现。

他说，同时，外交部正在研究让美国人左、中、右都来访问中国。是否应当让代表垄断资本家的尼克松这样的右派来呢？应当欢迎他来，因为，据毛解释说，目前中美两国之间的问题要跟尼克松解决。毛将高兴同他谈，他当作旅行者也行，当作总统也行。

他说，遗憾的是我（按：指斯诺）代表不了美国；我不是一个垄断资本家。我能够解决台湾问题吗？何必那么僵着？蒋介石还没有死。但是台湾关尼克松什么事？这个问题是杜鲁门和艾奇逊搞的。

有一点提一下也许是适宜的——这并不是我同毛泽东谈话内容的一部分——这就是：在北京的外国外交官去年

了解到，某些中间人当时正在转达华盛顿给中国政府的信。这种联系旨在向中国领导人说明尼克松先生对亚洲的"新看法"。据说，尼克松坚决要尽快撤出越南，谋求通过谈判由国际保证东南亚的独立；通过弄清台湾问题结束中美关系的僵局，使这个人民共和国进入联合国并同美国建立外交关系。

1970年有两个重要的法国人到过中国。第一个是计划部长安德烈·贝当古，第二个是戴高乐政权时的总理莫里斯·顾夫·德姆维尔。莫里斯·顾夫·德姆维尔为戴高乐将军访华作好了安排，这次访问本来是准备在今年进行的。我自权威方面获悉，尼克松先生最早是向戴高乐将军透露他打算谋求同中国取得真正缓和的。有些人当时曾预料戴高乐在访问时将在促成中美认真交谈方面起关键的作用。他的死使这一点未能实现。毛主席给戴高乐夫人的对这位将军的唁电，据人们所知，是自从罗斯福去世以来他对任何非共产党政治家的唯一的一次赞扬。

与此同时，其他外交官很活跃。一位已经访晤过一次尼克松总统的欧洲国家驻北京使团团长于去年12月再次来到华盛顿。他绕过国务院跑到白宫去举行会谈，于1月间回到中国。我在2月间离北京前不久，曾自另一位绝对可靠的外交人士处获悉，白宫当时再次转达了一个信息，询问总统如果派一位私人代表前往同中国最高级领导人交谈，他将在中国首都受到怎样的接待。

我必须再次强调，上述背景情况中没有任何情况是毛泽东向我提供的。

在我们谈话的时候，毛再次向我追述说，教给中国人民进行革命的正是日本军国主义者。由于他们的侵略，他们激起中国人民进行战斗，并且帮助了中国的社会主义取得统治地位。

我提到几天前西哈努克亲王曾对我说："尼克松是毛泽东最好的代理人。他对柬埔寨炸得越凶，他就越使更多的人变成共产党人。他是他们最好的弹药运输人。"毛泽东同意说，是的。他喜欢那样的帮助。

我提醒他说，两个月前天安门广场举行"十一"游行时在我同他谈话的过程中，他曾告诉我，他"不满意目前的情况"。我请他解释他那番话的意思。

他回答说，"文化大革命"中有两件事他很不赞成。一个是讲假话。有人一面说要文斗，不要武斗，而实际上却在桌子下面踢人家一脚，然后把脚收回来。当被踢的那个人问他："你为什么踢我啊？"他又说："我没有踢啊，你看，我的脚不是还在这里吗？"毛说，这是讲假话。后来，"文化大革命"中的冲突发展成了打派仗——开始用长矛，后头用步枪，又用迫击炮。外国人讲中国大乱，不是假话，是真的，武斗。

毛很不高兴的另一件事是虐待"俘虏"——即罢了官和接受再教育的党员和其他人。解放军的老办法——释放俘虏并发给路费回家，这曾使许多敌人士兵受到感化而志愿参加他们的队伍——常常被忽视了。

毛泽东最后说，如果一个人不讲真话，他怎么能得到别人的信任呢？谁信任你啊？朋友之间也是这样。

我问道："俄国人害怕中国吗？"

他回答说，有人是这样说，但是他们为什么要害怕呢？中国的原子弹只有这么大（毛伸出他的小手指），而俄国的原子弹有那么大（他伸出他的拇指）。俄国和美国的原子弹加起来（他把两个拇指并在一起）有这么大。

但是从长远的观点来看，俄国人害怕中国吗？

他回答说，听说他们有点怕。即使一个人的房子里有几只老鼠，这个人也可能吓坏了，怕老鼠吃掉他的糖果。比如，中国挖防空洞，俄国人因而感到不安。但是如果中国人钻防空洞，他们怎么能够打别人呢？

至于意识形态问题，是谁打了第一枪呢？俄国人叫中国人教条主义，后来中国人叫俄国人修正主义。中国发表了俄国人的批评文章，但是俄国人不敢发表中国的批评文章。后来他们派了一些古巴人，随后又派了罗马尼亚人去要求中国人停止公开论战。毛说，那不行。如果必要的话，要争论 10000 年。后来柯西金本人来了。他们会谈后，毛对他说，他将减少 1000 年，但是不能再减了。

他说，俄国人瞧不起中国人，也瞧不起许多国家的人民。他们以为，只要他们一句话，大家就都会听从。他们不相信也有不听的，其中一个就是鄙人。尽管中俄意识形态的分歧现在是不可调和的（正如他们在柬埔寨问题上采取互相矛盾的政策所表明的那样），但是他们最终还是可以解决他们国家之间的问题的。

毛泽东再次提到美国说，中国应该学美国把责任和财富分散到 50 个州的那种发展办法。中央政府不能什么事都干。中国必须依靠地区和地方的积极性。

通过这次和其他几次非正式的交谈，我相信，在今后的中美会谈中，毛泽东一定会坚持那些指导中国全部对外政策、中国在意识形态方面和对世界的看法以及中国的地区政策的基本原则。另一方面，我也相信，在国际紧张局势得以缓和以后，中国将谋求同欢迎它充分参加世界事务的一切友好国家和敌对国家中的一切友好人民进行合作。

（节译自 1971 年 4 月 30 日美国《生活》杂志）

天安门上会见毛泽东

庆祝人民共和国成立 21 周年那一天，在北京是一个理想的 10 月天气。我安详地坐在挤满了人的天安门城楼上，忽然觉得有人拉了一下我的衣袖，转过身来，看见了周恩来。他很快就领着我和我的妻子洛伊斯来到毛泽东的身边，在那里，我们就在占人类 1/4（或 1/5 ?）的中国人民的中心呆了一些时候。中国领导人当众做的事情都是有目的的。重大的事情正在发生，但这是什么事情呢？

在下面能容纳 50 万人的大广场上，一个大横幅上写着毛泽东 1970 年 5 月 20 日声明中的一句话，相隔一条街也可以看清楚横幅上写的字。那是宣告中国坚决支持柬埔寨的西哈努克亲王反对朗诺的政变和反对朗诺的美国盟友，坚决支持刚刚建立起来的印度支那人民反美联盟。为了强调这一点，西哈努克亲王也站在毛的另一边。亲王面带笑容（他是喜欢微笑的），对我的妻子所说的"反对入侵柬埔寨的美国人不止我们两个"这一句话，他热情地回答说，"美国人民是我们的朋友！"

毛的号召是："全世界人民团结起来，打败美国侵略者及其一切走狗！"

在中国的宣传用语中，"走狗"的意思就是卑躬屈节的帮凶。

后来，在毛77岁寿辰那天，《人民日报》发表了我们在天安门城楼上的照片，把我说成是"美国友好人士"。那天，这家报纸在每天都刊登毛泽东思想的右上角的框子里登了这样一句话："全世界人民包括美国人民都是我们的朋友。"

毛泽东总是注意把各国人民同政府及其政策区分开来。如果需要一个象征来说明这一点的话，我是乐于作为这个象征的：就是说，代表反对武装侵略和破坏越南和其他印度支那国家的许多美国人。美国的反战者终于正在使李奇微将军曾经预言为"悲剧性的大错误"停下来，我站在那里是为了接受人们对美国反战者的致敬吗？是的，是那样——但又不仅如此……

外国报纸造谣说，毛泽东的一只手已经瘫痪，因此藏在他的衣袖里，但是我却注意到他的握手同以前一样有力。他比1965年我上一次见到他时瘦了些，看上去更精神了——我现在才知道，那时他正要作出在他作为革命领袖的一生中也许是最关键和最大胆的决定。

当我们观看那些精巧的生动的彩车开过去的时候，毛简略地向我谈了无产阶级文化大革命。组织得多好啊！人们穿着各种颜色和各种式样的服装，同工人和知识分子日常穿着相同的单调的衣服形成对照。中国大部分少数民族的人都出场了，大约有 47 个少数民族。他们讲 20 多种不同的语言，占总人口（现在在 7.5 亿至 8 亿之间）的 5%—6%。节日的主题是生产和备战：到处都有穿着蓝色和灰色军装的人，但是，除了青年民兵，包括头上梳着辫子的姑娘手中所握的武器外，人们很少看到武器。

标语牌一个胜过一个地颂扬着公社、工厂、文化事业和军事生活所遵循的毛的著作、语录和指示。最为壮观的是，一道山脉为隧道所贯通，由桥梁连接起来，一列模型火车在上面疾驶而过，象征着铁路系统最新一环的完成，这条铁路现在把最遥远的新疆同紧靠越南的南部边疆连接了起来。全身和半身塑像随处可见，有的很大，再现了站在我身边的这位文化革命或第二次解放的领袖和发动者的形象。这次解放的目的是为了恢复革命的纯洁性，让群众空前广泛地参加到革命中来。

下面的群众齐声喊着："毛主席万岁！毛主席万岁！毛主席万万岁！"很多人的眼里迸出了热泪，而且不仅青年人是这样。

我不由得挥手指向怀有崇敬心情的游行者问道："对这些您觉得怎么样？您的感觉如何？"

毛苦笑了一下，摇了摇头，说这比以前好些，但是他并不满意。在哪方面不满意呢？他还来不及作答，我们的谈话就被新来的人打断了。只是几个星期以后，在一次长时间的谈话中，我才能重新提出这一问题——那时他很坦白地谈到，个人崇拜是"讨厌"的。但是我发现，在国庆节那天，他心里想的不是人们用来为毛的语录生色的肖像、旗子和花朵。他所想的是重建党和国家上层建筑的问题，关于恢复在文化大变革期间所丧失的生产节奏，关于加快结束越南战争和关于扩大中国同外间世界的接触的问题。他是不是也想到可能同理查德·尼克松进行对话呢？

他问我，美国现在不是也有着一种造反运动吗？他对美国的反战运动印象很深——他在5·20声明中赞扬了这个运动——他想进一步了解它的政治意义。他说，我们不久会再见面的。

（《漫长的革命》1972年版）

毛泽东 1937 年
同海伦·斯诺的谈话

海伦·斯诺（海伦·福斯特）

美国著名女记者，1932年与埃德加·斯诺结婚。1936年10月下旬，斯诺从西北采访回来后，她帮助丈夫整理收集到的资料，协助他写作《红星照耀中国》（《西行漫记》）一书。1937年4月，她亲自到"红色中国内部——延安"采访。她对毛泽东讲："我丈夫要我从您这儿把最后一章搞到手。"她在延安住了4个月。1938年9月，她写了《续西行漫记》一书。毛泽东此次谈话就选自该书。

中国革命的性质

毛泽东是中国共产党头脑冷静的政治领袖，由于远大的目光和对于局势的正确估计，而成为共产党杰出的人物。他往往决定政策的重点，再由别的共产党人加以补充和注释。

这位中国的列宁获得了一个革命领袖特有的长期活动的经验，有了这种渊博的经验，他才能胜任目前的职位，这种渊博的经验不让任何天赋的才能。他最初是湖南长沙一个师范学校的学生领袖，这个学校在当时是激进的小资产阶级学生群众的中心点，也是工农运动的中心点；他帮助了组织 1920 年赴法留学的工学团，这个集团也是共产党活动的一个最重要的核心。后来他在国立北京大学念书[①] 时，他跟李大钊和陈独秀一同工作，于 1921 年 5 月[②] 间创立了中国共产党。当他做湖南省委书记时，他跟同志们把这中国最革命的省份组织起来。1925 年，他在广东任国民党机关报编辑兼国民党宣传部部长[③]。

---

① 应为图书馆的助理员。——增订本编者

② 中国共产党成立于 1921 年 7 月。——同前

③ 应为国民党中央宣传部代理部长，主编国民党中央机关刊物《政治周报》。——同前

国共两党开始分裂的时候，毛氏反对陈独秀的右倾机会主义的路线，此种路线实际上是投降国民党；1927年，他开始实践自己的政策——组织革命军队，建立苏维埃的政策。有些共产党人大不以为然，说这是"枪杆运动"。但朱德在井冈山跟毛氏会合，他们这个根据地实际上领导着整个共产主义的革命运动。1928年，毛氏站在拥护正常发展的立场上反对"暴动主义"，结果获得了胜利，1930年，他反对过左的立三路线，这是跟陈独秀的机会主义相反的另一错误路线。1931年，一切政治活动都上了轨道，毛氏就成为中华苏维埃共和国第一任主席。1934—1936年，他率领红军向着西北长征。

　　当时毛氏认为中日战机很快地逼近拢来了，共产党于1933年8月间开始要求国共合作，结成反日统一战线，愿以放弃苏维埃为交换条件；毛氏这种对抗日局势的估计，曾为另一老共产党员张国焘所反对。1936年"西安事变"爆发时，毛氏力主和平解决，结果果如所愿。要使全体共产党员和红军一致拥护这个统一战线，无疑地需要一等的政治手腕——而毛泽东终于成功地达到目的，共产党并未因此而分裂。从1935年到1937年抗日战争发动时这一混乱暗淡的时期内，毛泽东始终坚决把握住自己的主张：抗日问题是最重要的问题，抗日战争非但不能避免，而且非常急迫了。他竭力反对托派和那些过左的角色，他们不高兴同国民党联合。毛泽东这一着又是做得很对的。1937年7月7日卢沟桥事件发生时，延安的人们个个都非常崇拜他们的"天才"，他们欣慰地喘了一口气。在那郁闷的西北地平线上还没有罩上来自日军的战云的时候，共产党那样应付西安事变，显然是一种狂妄的侠义行为，此种行为有如孤注一掷的赌博，但毛泽东却联合马克思主义的巨人们坚决主张这么干。在俄国十月革命中，列宁的铁一般的意志使布尔什维克党坚决地向着无产阶级专政方面奋斗，毛泽东这样成功地实现了自己的政策，几乎跟列宁的作为一样伟大。

但共产党的领导的考验现在不过是个开始。中国的前途将是什么呢？这是一个很成问题的问题。中央政府会不会分裂？会不会再发生内战？关于这些问题，毛泽东对于中国各阶级势力关系的分析是非常切要的。

因为毛泽东富有直接回答关于中国社会问题的经验，我极想从他那获得一个关于这一复杂问题的完整的分析。我提出许多问题，第一是关于中国社会的性质和中国革命的性质；第二是关于中国革命的历史阶段；第三是关于未来的展望。毛泽东很高兴回答这些问题，答应写一本关于中国革命的小册子，这在目前是非常有价值的。他于7月4日第一次跟我会谈，但7月7日发生了卢沟桥事件，他没工夫继续跟我会谈，把共产党的历史学家洛甫和毛氏的副手① 吴黎平介绍给我。

近来有许多学者研究中国社会的性质，特别是中国封

---

① 　应为助手。——增订本编者

建制度的性质，其中最著名的就是德国的中国问题专家维特福格（K.A. Wittfogel）。关于中国地主的"四边形"性质一类问题曾有过各种各样的研究。因此毛泽东的解释特别饶有兴趣。中国革命的性质问题在1927年还是苏联托派和列宁主义者们争论的主要问题，直到现在，似乎依旧没有停止此种争论。

在此次会谈中，毛泽东说明了中国革命两个复杂的特点，非马克思主义者们是不一定懂得这些特点的。第一是中国共产党正在领导着资产阶级的民族民主革命，资产阶级有时帮助革命，有时离弃革命。第二是中国共产党的大多数领袖都是小资产阶级分子，而她的群众运动大都是农民运动，但她始终是无产阶级的政党。

下面就是毛泽东关于中国社会成份和中国革命的动力的分析：

"要了解中国革命的性质，当然必须先了解中国社会的性质。

"中国社会的性质，可用一句话说明之，那就是半封建半殖民地社会。各种不同的经济形式都存在着，但封建的小商业经济却占主要地位，此种经济的主要基础就是农村经济。我所谓小商业经济，就是自给自足经济，此种经济出现在资本主义经济以前，而同时又比自己生产自己消费的最落后经济进步些。

"然而中国同时又踏进了资本主义经济的阶段。否认

230

中国有资本主义的存在，是不正确的。但这种资本主义经济是由下述三个成份构成的：（一）个人资本，（二）政府资本，（三）帝国主义资本。这三种分子结合起来，形成中国经济的资本主义机构。

"在中国，此种经济形式是新的经济形式，与中国封建经济相冲突的。它的力量在于大城市，在于交通，在于工业、矿业等等。然而资本主义还没有在中国经济中取得支配的地位，因为在帝国主义的压迫下，中国的个人资本和政府资本没有更进一步发展的可能。在许多生产部门内，帝国主义资本超过中国的资本。甚至铁路矿山一类国营事业的资本也来自帝国主义。由于这种关系，中国的关税也受了帝国主义者的限制。

"从上面的分析中，可以清楚看出中国的资本主义经济是受帝国主义者的操纵的。同样，封建经济形式的存在也是阻碍中国资本主义的发展的。

"把中国经济作为整体来看，则占支配地位的是封建经济。从中国资本主义发展的观点看，则占主要地位的是殖民地经济。这种殖民地经济决定了中国跟帝国主义的政治关系和别种关系的性质，例如关税受其操纵等等。

"根据上述各点，我们不得不得到如下的结论：中国社会是半封建半殖民地的社会。

"中国社会的特性既已明白，则中国革命的性质问题就很容易答复：它是一种反帝反封建的资产阶级民族民主革命。

"有一派人不同意此种分析：这就是托派。1927年中国大革命失败后，托派得到如下的结论：中国资产阶级革命的任务已经完成；关税的独立证明中国革命反帝反封建的阶段已经过去。托派理论更进一步地发展到如下的观点：在中国经济中占主要地位的是资本主义经济，不是封建经济。最近我在托派杂志上看到关于这问题的文章，他们在帝国主义问题上已经改变了自己的观点，他们同意中国依然在帝国主义支配下的看法，但关于中国经济的性质问题，他们始终认为是资本主义经济。托派既然承认中国社会受帝国主义的支配，而同时又说资本主义在中国经济中扮演着主导的角色，这真是十分奇怪的观点。

"托派根据自己对于中国社会性质的估计，得到如下的结论：目前中国革命不是资产阶级性质的革命，而是无产阶级革命，我们绝对反对这种观点。我们再把我们的见解重说一遍：中国社会是半殖民地半封建的社会，因此中国革命是反帝反封建的革命。

"要铲除帝国主义和封建的势力，需要中国人民长期的斗争。只有完成这些革命任务，才能开辟出资本主义发展的道路。但同时我们又认为中国革命有避免资本主义前途而转化为社会主义革命的可能。我们的理由如下：

"现在我们讨论到第三个问题了，这就是中国革命的动力问题。中国革命的主力是无产阶级，农民和小资产阶级。在某种情形之下，民族资产阶级也有参加这革命的可能；而在另一种情形之下，他们又有动摇的可能。中国革命的敌人是帝国主义者和中国地主；而民族资产阶级有时是革命的敌人，有时不是。

"无产阶级是中国革命的领导者。为什么资产阶级革命不由资产阶级领导而由无产阶级来领导呢？为什么中国革命跟过去历史上的资产阶级革命不同呢？因为中国陷于半殖民地的状态，因此无产阶级的力量比资产阶级大些。这因为操纵中国大工业的不是民族资产阶级，而是帝国主义者。这些帝国主义的大工业的工人们跟中国国营工业和私有工业的工人们联合起来，很有力量领导比较薄弱的资产阶级。

"中国工人的数量不过200多万。这同全人口比较起来是一个很小的数目，但同资产阶级的数量比较起来，这却是一个较大的力量。在帝国主义者，中国资本家和封建势力的联合压迫下，中国无产阶级已经发展成一种最坚强的革命主角。同时中国无产阶级又受了国际革命势力的影响，这就是说，受了全世界无产阶级革命发展的影响。特别是苏联无产阶级革命的胜利，刺激了中国无产阶级。自从1919年'五四'运动以后，中国无产阶级升到政治觉醒的地位，开始在中国政治舞台上扮演着一个角色。同时中国共产党也被建立起来了。

"把上述各点归纳起来，我们可以说，中国无产阶级力量和共产党力量联合起来，是最壮旺，最坚强的斗争力量，虽然数量很小。

"幸得中国无产阶级在革命中有一个非常强有力的盟

友，这就是农民。中国农民占全人口80%以上，同时因为他们处在中国封建势力和帝国主义双重压迫之下，他们的革命性格是很坚强的。在帝国主义和封建地主联合剥削下，中国农民不得不缴纳50%到80%的地租和30%到100%的高利贷利息。这就是说，如果一个农民收得100担谷，他必须给地主50%到80%。农民不得不借债，一借债，就必须给债主30%到100%的利息。

"摆在农民面前的问题是怎样获得自己耕种的土地的所有权和怎样废除帝国主义的剥削的问题。资产阶级不能解决这个问题。只有在无产阶级的领导下，实践坚决的反帝反封建的斗争，才能解决中国的农民问题。所以，我们说，中国农民是中国无产阶级一个强有力的，有决定作用的盟友。

"中国革命的第三个动力是城市小资产阶级。这一阶级包含广大的学生群众、文化界的知识分子、小生产者、小商人，以及许多自由职业者。这些队伍大多数都能站在反帝反封建革命一方面。

"在中国，民族资产阶级占有特殊的地位。他们是革命的敌人，同时又是革命力量的一部分。有时他们站在革命的方面。有时他们又动摇起来，甚至站到帝国主义方面去。有时他们站在地主方面。有时他们又站在小资产阶级方面。这是因为许多民族资本家具有买办和半地主的特性。我们不能把买办资产阶级包括在民族资产阶级里。中国民族资产阶级大都有自己的资本，但这资本跟帝国主义资本和土地都有一种特殊的关系。那些大半倚靠帝国主义资本的资本家是属于所谓买办资产阶级。地主和买办跟帝国主义有根本的关系，所以他们是中国革命的主要敌人之一。

"当前的南京政府是地主、资本家、买办资本家的联盟。

"在某一帝国主义直接占领中国的情态下，地主和买办的利益受到这一帝国主义的直接威胁，他们都有不反对反帝斗争的可能，而且有拥护这一斗争的可能——至于那些自身利益不受这种侵略的影响的，或与这个特殊侵略者有共同利益的角色，当然要除外。

"因此，我们的抗日民族统一战线实际上是包括全民的，就是说包括汉奸以外的一切中国人。这是我们的民族阵线跟'人民阵线'不同的特点。

"我们的统一战线的第二个特点是：它由无产阶级政党所发动，而在此后的发展过程中，也只有在无产阶级的领导下，才能坚强它的组织，完成它的任务。这是因为无产阶级是中国唯一觉醒的、有坚强革命力量的阶级。资产阶级负不起这一任务。

"由于中国政治经济条件的特殊性，下述的可能性是存在的：当反帝反封建的资产阶级性的民族民主革命获得了相当成功后，当民主革命达到相当阶段后，这一革命会转化成社会主义革命。我们共产党人相信这种可能性是存在着的。

"革命的第一阶段是由无产阶级、农民和小资产阶级所领导的资产阶级性的民主革命。在它转化的过程中，它将通过工农的民主独裁①。

"上述一切意见都是根据共产国际在第六次大会中关于中国革命性质的分析。"

我于是问毛泽东几个关于中国社会各种分子的阶级关系的性质问题，这些问题都是跟中国目前变动着的局势有关系的。

问："你认为中国银行家们是买办还是民族资产阶级？"

答："中国许多银行家都是买办或半买办，但也有许多银行家跟帝国主义没有关系，例如一些中小银行都是如此。有一部分银行是属于单纯的政府资本。它们跟帝国主义资本有间接的关系，因为政府从外国借来资本，放在这些银行里。"

问："在中国革命运动中，小资产阶级的特点和任务是什么呢？"

答："中国小资产阶级和知识分子在革命中扮演着极端重要的角色。这是因为中国社会具有半殖民地性质的缘故。帝国主义者创造了中国的知识阶级，而他们又攻击他们的帝国主义的老师。农民当然也是小资产阶级的一

---

① 应为工农的民主专政。——增订本编者

部分。

"小资产阶级知识分子和自由职业者并不是一个独立的阶级；他们附属于无产阶级或农民阶级。中国的学生、知识分子和自由职业者都来自地主阶级、小资产阶级或资产阶级，但他们找不到职业，因为他们的国家是无法发展工业的半殖民地。他们加入革命运动，反对帝国主义，拥护民主政治，因为他们的家庭日益破产，他们自己没有前途。

"中国的学生是社会革命很重要的一个支流，但他们没有决定的作用，只有无产阶级和农民阶级才是革命的主角。"

问："中国共产主义运动的性质如何？共产党的任务是什么？"

答："像我在上面所说的一样，因为只有无产阶级才能领导中国革命，所以无产阶级的政党一定要起领导作用。我们革命运动的基本性质是为要实现共产主义的革命斗争，但只有通过民主主义的阶段，才能达到共产主义的阶段。"

问："红军的性质和任务如何？"

答："中国红军根本上是代表无产阶级的利益的，但同时也代表农民阶级、小资产阶级和资产阶级的利益。红军的主要成份是贫农，也有一部分是农村和城市无产阶级。我们没有统计过他们的百分比，但农村无产阶级一定没有贫农多。我们称无田无地的农民为农村无产阶级。我们把没有足够土地维持自己生活的贫农看作半无产阶级。"

问："托派说，因为红军是由小有产农民构成的，不能保证他们往后不出卖无产阶级革命。你以为红军始终靠得住吗？"

答："托派的观点不是马克思主义的观点。农民阶级是介在资产阶级与无产阶级中间的阶级。资产阶级居领导地位时，它就跟资产阶级跑；无产阶级居领导地位时，它就跟无产阶级跑。苏联社会的主要成份也是农民，但现在，除了富农，一切农民都走向共产主义。所以说农民将归附资产阶级，变成反动，这是昏话。

"中国红军是在无产阶级领导下的军队，正跟苏联一样。中国红军拥护共产主义。这是因为红军，土地革命和整个革命都在无产阶级领导下的缘故，这在上面已经说过了。别的任何阶级都不能领导中国革命。资产阶级不能解决中国农民问题，农民也不能解决自身问题。只有无产阶级的领导才能解决这一问题。

"土地问题可以在资产阶级革命中解决的，例如法国大革命。土地问题同样可以在无产阶级革命中解决，例如苏联是在十月革命成功后解决了这一问题的。目前在西班牙，这一问题正在农民、资产阶级和小资产阶级的'人民阵线'领导下被解决着。像中国一类的国家，日本和德国也包括在内，资产阶级是不能解决土地问题的，虽然他们骗诱农民相信他们能够解决这一问题。他们可以答应，但决不能实现自己的诺言。"

问："中国国民党的性质如何？"

答："国民党是地主、资产阶级和一部分小资产阶级上层分子的联盟。当日本帝国主义继续在中国侵略的时候，他们有反日的责任。国民党分子可以跟帝国主义妥协，但同时也可以跟它们分裂，这由帝国主义的态度来决定。1927年以前，国民党是资产阶级，小资产阶级和无产阶级的联盟，而主要地是代表资产阶级的利益。1927年以后，国民党跟帝国主义依旧有一些矛盾，但主要地是跟帝国主义妥协了。

"当国民党跟共产党合作驱逐日本帝国主义的时候，中国的阶级关系有变化的可能，可能削弱亲日派的力量。"

问："当国共两党在实际行动上联合起来的时候，地主阶级分子会不会从国民党分裂出来？"

答："这要看未来的发展如何。如果日本的侵略严重起来，国民党会认识土地关系有改革的必要，为的是要改善人民的生活。地主们是不喜欢这一着的，但他们同时也不喜欢自己土地被日军占领。

"当民众运动发展起来，农民们向地主们的要求高到无法妥协的时候，那种分裂就会发生。"

问："据先生估计，在抗日战争中，哪些分子会变成汉奸？"

答："那些跟日本有最直接的共同利益的地主和买办会变成汉奸。还有一些失业的人，迫于生活，受日人的雇佣，替日军做侦探工作。汉奸们的军队就是间接汉奸。"

问：“中国封建分子的性质如何？你认为地主是'四边形'的东西吗？”

答：“是的，中国地主是四边形的。他是地主，是商人，也是收税人，但不一定个个都是高利贷者。他有时跟中国式的商业资本也有关系。”

问：“根据先生长期接触农民问题的经验，中国农村最毒辣的压迫形式是什么？”

答：“（一）地租；（二）高利贷；（三）捐税；（四）贩卖商品。”

问：“先生很知道所谓'亚细亚的生产方式'的理论。先生认为中国的封建制度是一种特殊的亚细亚式的封建制度吗？”

答：“从基本上说，中国封建制度在利用土地剥削农民这点性质上跟欧洲封建制度没有什么不同，但中国的封建势力却有它自己的特殊性。”

问：“红军实践了10年反封建的斗争。先生认为这种斗争获得了很大的成功吗？”

答：“获得了相当的效果。在那些受红军影响的地方，封建势力受到了革命势力的打击。封建的力量多少被削弱了。”

问：“帝国主义在中国开辟了资本主义的市场，因而摧毁了封建制度吗？”

答：“是的，封建制度部分地被它摧毁了。中国所以成为半封建的国家，原因即在于此。帝国主义势力，中国民族资产阶级和商业资本，对于中国封建制度都有破坏作用。"

问："日本人希望中国保持着半封建的殖民地性质吗？"

答："根据历史的经验，所有帝国主义都不喜欢在殖民地发展资本主义的，他们发展它仅仅为着自己的利益。如果帝国主义不支持封建制度，它要支持什么呢？"

问："先生以为日本想利用中国统治阶级操纵中国吗？"

答："也许这样。否则就不会有汉奸了。"

问："我认为日本帝国主义侵略中国的成功只能限于利用中国统治阶级这一点；日本决不能用武力征服中国。因此，广田政策不是它最好的方法吗？"

答："军国主义是日本帝国主义的特点，日本将被逼上军事冒险的道路。而其他帝国主义却等待，沿着正常的路线发展。这是因为日本帝国主义在财政上比任何其他帝国主义都要弱，这是日本的悲剧。日本已到了资本集中的阶段，但它依旧没有资本的剩余。

"满洲军事远征已经削弱了日本国内的经济力，因为日本本来没有剩余资本可以经营满洲，从国内又得不到新的利润。

"日本夺得满洲以后，满洲不再是日本的国外市场了，满洲在经济上和政治上都变成了日本的一部分。这于日本其实并不怎样合算。日本再也不能实行帝国主义的剥削，得不到通常所有的大量利益，而且还要负担军费，因为在经济上满洲是属于日本的了。满洲已不是日本的国外殖民地。日本不能像剥削普通国外殖民地一样地剥削满洲。满洲是一种国内市场，不是国外市场。"

中国的缩影

......

毛泽东在那座古老的砖地小院里同我握手，欢迎我到延安访问的时候，他举止随便，态度冷静，谦虚好问。我的第一个印象是：他是一个中国人，而朱德却不是。朱德走得很远很远，并不觉得怎么样，而毛泽东却按照他自己的条件，以一种若有所悟的独立性，呆在他自己的那个省区里。当朱德在一张破旧的方桌后面谦逊地坐下时，双手放在两只袖筒里，帽子仍然戴在他留的平头上。毛泽东从方桌跟前把他的椅子拉到一边，脱掉他那顶软绵绵的红星军帽，一束又黑又粗的头发吊到了耳根。他交叉着他那异常健美、强悍、有贵族气质的双手，好奇地甚至带着善性的幽默感抬头看着我，这两只手显示出真正的力量。毛泽东的手，压根儿不像中国普通知识分子的手，也不像工人阶级的手。作为一个中国人，毛泽东异乎寻常地身材高大、体魄健壮，这两只手，是同他的体格相称的。

毛泽东教养有素，精神支柱铁铸钢打，不怕高压，是由坚韧的组织构成的。这种组织，就是义和拳认为他们通过魔法得到的那种组织——坦胸露体，刀枪不入。艾格妮丝·史沫特莱告诉我，她曾经认为毛泽东凶恶而阴险，第一次见面就讨厌他。她费了很大事，克服了这种情绪，在延安逗留的最后阶段，终于恢复了正常。她当时对我说，她害怕毛泽东。然而，我喜欢毛泽东，同他很融洽，就像埃德从一开始就喜欢他，同他很融洽一样。

由于某种原因，无论艾格妮丝·史沫特莱，还是埃文斯·卡尔森，对毛泽东都缺少起码的了解。埃文斯把毛泽东写成"一个谦逊、友善、孤独的天才，在长夜的黑暗中，努力为人民寻求一条和平的……生活道路。"（埃文斯·卡尔森：《中国的双星》英文版170页，纽约多德·米德出版公司1940年版。）

无论毛泽东有这样那样的不是，在埃文斯的笔下，毛泽东是一位天才。这一点对任何人都很清楚，也许从毛泽东的童年时代，这一点对毛泽东和他的朋友们也一直是一清二楚的。埃文斯用基督教的标准衡量人，这就妨碍了他视觉的明晰度。在他看来，谦卑是一种美好的品质，它存在于一位最高领导人的身上，就更加如此了。

除了我丈夫外，我很可能比任何人都更加了解毛泽东的生活——因为毛泽东过去从来没向任何人讲述过他的生平。"我丈夫一回到北平，我就用打字机打出了您的传记，"我告诉毛泽东。"这是一部伟大的名著，将会影响每一个阅读它的人。我当时就决定，我要不惜一切代价，到您这儿来访问。我丈夫要我从您这儿把最后一章搞到手。"

毛泽东以他习惯的方式轻轻地笑了，和蔼可亲地点了点头。

前一年，毛泽东对埃德加·斯诺开放了，于是，所有的门也向我敞开。共产党在 5 月召开代表会议的那几天里，朱德带着他的那些将领们来访问我。（几乎所有重要的领导人都来过了，只有林彪没来。他排外的情绪，显然比其他人强烈。）我为我的几本书，特别是为《中国共产党人》这本书，收集了 34 个人物小传，还进行了许多其他的采访——这一切，都是因为毛泽东带了一个头。从礼节、礼仪到外交政策，事事都由毛泽东裁决。

在整个夏天，我同毛泽东有一种特别的关系，尽管这种关系还没有前一年埃德同他之间的关系那么亲密。我送给他一个很长的问题单，我们进行过好几次谈话。他对我提出的问题很有兴趣，其中许多是请求对那些似乎矛盾的问题进行解释的。他常常轻轻地笑出声来，说："你瞧，中国有些事很怪。"他有时转过椅子问我："你的意见如何？"这常常使我感到不安。我后来了解到，他确实想知道这样一个外国人是怎么想的。

在这年夏天，毛泽东系统地提出并修订了一些重要的新论点，并以演讲的形式把这些论点在延安的"抗大"试讲出去。他知道我研究过黑格尔，然而没有透彻的解释，对于大量的马克思主义的朴素原理，我是无法接受的。他乐于帮助我弄清问题——喜欢智力挑战——同意和我一起写一本关于中国革命的小册子。那将是一条多么令人震惊的独家新闻！为了特意表示友好，他在美国的7月4日那天接见了我，给我第一次讲述了"中国革命的性质"问题。可是，日本于7月7日向中国发动了进攻，毛泽东便把我交给他的得力助手吴黎平和官方历史学家洛甫，其余部分的内容，就由他们两位来谈了。

在1937年期间，毛泽东首先在抗日军政大学作了《矛盾论》的演讲；这是他看了我那张长长的问题单，同意为非马克思主义者进行解释之后的事情。他给我的主要回答是：如果你不是以矛盾论的思想方法，而是通过正常的逻辑，那就无法理解中国的革命。虽然我向来不喜欢术语，我还是准备接受这一论点，因为这些术语意在给不同的中国内容上加贴西方古老的马克思主义的标签。我相信，德国人李德和苏联，永远不会接受这样的一个观点，甚至永远不会理解它的逻辑性。然而，我从来没期望1937年使我迷惑不解的那种矛盾，会在70年代导致中国和苏联及其仆从的马克思主义者之间的武装对抗，纵然李德和毛泽东那年夏天已两军对垒了。

才智的开端是承认矛盾存在，承认这是真理的性质，而真理总是有着两面性。问题是要在即将变革的时候能够看出矛盾——能够朝着正确的方向行动。这是毛泽东特有的天才，他想领会并遵从苏联的理论和观点，至少在42岁（1935年长征到遵义，出于需要，他接任了最高指挥权）以前是这样。1937年，他仍然渴望支持苏联的看法，甚至在释放他昔时仇敌蒋介石作为团结的目的，争取外国支持，反对日本和轴心国的时刻仍然是这样。然而，确有一个为他所不能遵从的自我毁灭的论点，这就是实际上要中国革命自暴自弃的论点。毛泽东总是等待这种矛盾达到一触即发的时刻；然后，他不得不重新确认他自己的领导，改变航程（中国人称他"伟大的舵手"）。1927、1935年，都发生过这样的事情；在某种程度上，1938年也有类似的情形，接着，就是40年代内战复始的时候。最后，他于1966年发明了意在重振共产主义运动革命性的"文化大革命"。

毛泽东从来不是教条主义者。假如他是这样的话，中国的许多事就会大相径庭。他灵活机动，愿意变革，乐于学习，尤其是有耐心一直忍耐到一触即发的时刻。他等待极度消沉的时刻，然后采取行动，争取命运的转机，不能太急，也不能过迟。他顺应历史，又走在历史的最前头。

共产党代表会议 ① 从1937年5月1日 ② 进行到5月15日。当中央委员会于8月开会 ③ 时，毛泽东的强大权威，便永久性地建立起来了，只是1966年以前有一段脱漏之处。1937年8月13日，我再次访问了毛泽东。在这次采访中，他把共产党的"抗日救国十大纲领"给了我。这个文件是基于当时日本的威胁提出来的，其核心是"给人民

---

① 指中国共产党全国代表会议（当时称苏区党代表会议）。——增订本编者
② 苏区党代表会议应为1937年5月2日至5月14日召开。——同前
③ 指中共中央政治局在洛川召开的扩大会议，会议通过了《关于目前形势和党的任务的决定》和《抗日救国十大纲领》。——同前

爱国活动的自由、武装自己的自由"。

为了避免使虚弱、胆怯的国民党成为劲敌，十大纲领没有包括经济纲领；统一战线如此脆弱，永久性的纲领无法提出，甚至连简单的经济上动员人民的纲领也提不出来。

最后，毛泽东拍案而起，他满面通红，两眼闪光。如果有南京政府的合作，这十大纲领就能实现，"我们就能打倒日本帝国主义；否则，中国就要灭亡"！他愤怒地重复着最后一句话。

"我也有同感，"我站起来点了点头，"无论采取什么方式，中国必须动员起来，否则，中国就要灭亡。组织起来总要比不组织好。"

这就是那年夏天我在延安得出的主要结论：必须千方百计地动员民众行动起来——这是实行"民主主义"的方法之一。（毛泽东后来提出了"新民主主义"的重要说法，我和埃德表示祝愿，因为我们先期把这个短小而重要的单词，已用作我们杂志的名称了。）我了解到，共产党人能够把民众组织起来——在物质上，他们没有什么可以提供给民众，能够给的，只是一种精神的力量，兄弟的情谊，或者就像他们所说的那样——与民众"生死与共"。由青少年组成的整个军队，会自愿地同民众生死与共（所有的红军士兵都是不领薪水的义务兵），会被消灭，但是新的军队就会随之而产生。在延安，动植物几乎不能生长，但人类却幸存了下来。在这儿的黄土里，一种靠饥饿和危险而生存的精神力量正在觉醒。中国的青年们起来了，反抗过去一切可怕的弊病和无能。毛泽东的革命，自始至终是青年运动，而它经久不衰的活力中，总是包括着女性的热忱。

由于各种各样的原因，毛泽东在他的晚年被奉若神明。他最终成为"新中国"的化身，这里面既有热望，也有环境的局限性。他有辩证的思想，是一位复杂的人，西方的概念讲不清他和他的事业，如果要讲，只会越讲越糊涂。他是他那个时代里最乐观的人；然而，他也愤世嫉俗。如果他要信任蠢人的话，也不是出于他的本意。他比同时代的任何一个中国人，都要更加容易接受外界的影响；然而，他以追求真正价值的本能，极其巧妙地糠里筛粮，去粗取精。

显而易见，毛泽东是一位民族英雄，是中国的缩影。他是中国农民（占这个国家人口的80%）的化身。其余的20%人口都害怕他；但是，最后承认了他的权威。在毛泽东去世以前，也或多或少地参加了神化他的运动。毛泽东像西方人，更像亚伯拉罕·林肯，也具有高高的个头、宽大的体格、天生富有的朴实品质。他有着同样的学而不厌的欲望；他甚至在70年代还学习英语，为人们树立了榜样。

大，是用来描述毛泽东的术语，在各个方面都是如此。他总是确立政策、理论的要点，把具体的细节留给行政人员去决定。作为个人，他从不刻薄小气，自私自利，或者打击报复。这在中国是一种革命的品质。他是一个成功者，他深深喜欢成功的全过程。成功对他来说，主要是指赢得人心。据目前所知，他从来没处决过他的敌手。同法国革命、苏联革命相比，这是一种进步，是迈向文明的显著进步。1937年，当老布尔什维克相互残杀之时，毛泽东给他的两名死敌授予了自由——而这两个人一直到死，从未放弃过毁灭毛泽东的企图。一个是第三国际的代表李德，另一个是张国焘。我在延安的时候，张国焘在"抗大"任教。他获准离开延安，跑到蒋介石司令部去了，大喊大叫地称他是唯一的"真正领袖"。

正如中国人所称的那样，毛泽东思想的灵魂是"革命能改变一切"。这不是唯心主义，毛泽东指的是行动，而不仅仅是思想。他像克伦威尔一样，是完全彻底的激进派。1971年，毛泽东把他自己划为中间偏左，他总是向主流游去，指引国家的航船前进。

毛主义是变革的一种方法，是革命的一种方法；它是一种理论，而不是一套建设的蓝图。毛主义是一座桥梁，通过它，诸如亚洲、非洲那些没有工业化的国家，就可以轻松愉快地跳越封建主义和资本主义，紧紧掌握社会主义的武器，发展，强大。甚至在他长沙的孩童时代，毛泽东就认识到，社会主义是社会发展的强有力的武器和工具。他的方法不是坐等改变生产方式的新工具、新机器，而是进行武装革命。他武装地方农民，保护其他的农民。与此同时，他们依靠自觉的意志力的行动，改变经济状况，改变整个社会，而不是通过等待外来的经济宿命论，去达到这样的目的。

这种形式像社会主义的所有形式一样，在其自身内部包含着过去的局限及残余。它没有考虑原子时代的问题，也许还不知道放射性尘埃能够污染整个环境的性质。

……

（摘自海伦·斯诺回忆录《我在中国的岁月》，中国新闻出版社1986年9月出版。文前标题为增订本编者所加）

毛泽东 1937 年
同詹姆斯·贝特兰的谈话

詹姆斯·贝特兰

英国著名记者，1937年10月到延安，采访了毛泽东等中国共产党和八路军的主要领导人。访问记在英国《每日先驱报》上发表。毛泽东的此次谈话选自贝特兰1939年所著《不可征服的人们》一书。作者所引毛泽东的讲话是根据他当年与毛泽东的谈话记录整理的，与《毛泽东选集》有些出入，而这些原始的记录，对研究毛泽东及其思想具有一定的史料价值。

共产党的战略

　　我和毛主席的会谈是在他的房子里进行的——这是在延安高耸的悬崖之下的一个宽敞的窑洞。傍晚，我们通常很早便开始谈话，常常谈到深夜。蜡烛在我们之间的桌子上一闪一闪的，把一些奇形怪状的影子投到房顶上。房子里堆着铁制的急件信箱，电报频频送来。毛在回答问题的空当中阅读这些电文。吴黎平作翻译，由于毛平常十分注重细节，所以他坚持要把我写的每句话又都重新译为中文，便于他核对自己的讲话。

　　"中国共产党对当前这场战争总的态度是什么？"这是我的第一个问题。

　　"在这次战争真正爆发以前，中国共产党曾经再三向全国警告过，对日战争是不能避免的，所有日本帝国主义所谓'和平解决'的空话，日本外交家的漂亮词句，都不过是掩盖其战争准备的烟幕弹。我们曾经反复地指出，必须加强统一战线，实行革命的政策，才能进行胜利的民族解放战争。

　　"我们一贯主张，最重要的，是中国政府必须实现民主改革，以动员全体民众加入抗日战线……战争的爆发及其经过，证明我们这些意见的正确。"

毛继续大量地援引共产党最近的声明，这些声明都围绕着这样一个中心问题：实现一个"全面的全民族的抗战"。

"您认为，当前中国的对外政策应当是什么？"

"有一个原则，"毛说，"决定着我们所有的对外政策，这就是促使国际和平战线反对日本侵略。从道义上看，国际形势并非不利于中国。但和平战线的这种纲领不仅要体现在口头上，而且还要在活动上有所表现。

"对中国来说，最重要的是英美两国的政策。这两个国家尤其受到东西方法西斯侵略者的危害。但迄今为止，英美尽管发表了一些友好的言论，但他们的政策事实上援助了法西斯侵略者。这是因为他们只说不做。只说不做，这实际上就是让法西斯的国家为所欲为，因而在客观上帮助了法西斯。当前，世界法西斯力量已经危害到了民主力量的生存。因此，为迎接这场挑战而统一行动就更为必要了。我们提倡这种统一和平战线，不仅对中国目前的斗争，而且对民主力量的安全与继续存在都是十分必要的。"

关于日本在华的目的，毛的看法非常简单，即"占领"全中国。他认为华北与长江流域是直接的军事目标，但可以肯定，日本不把整个中国沦为殖民地，进攻就一刻也不会停止。

"中国的抗战迄今成效如何？"我问他。

毛将此答案一分为二：肯定的和否定的。

"一方面,"他说,"我们可以说中国的抗战到目前为止成绩是有的,而且是伟大的。这表现在:(一)现在的抗日战争,是自有帝国主义侵略中国以来所没有的。这个战争的性质是革命的。(二)战争使全国分崩离析的局面变成了政治上团结的局面。(三)中国的抗日战争唤起了国际舆论的同情。国际间过去鄙视中国的不抵抗,现在转变为尊敬中国的抵抗了。""另一方面,过去几个月的抗战,暴露了中国的许多弱点……"

毛总结说,这些弱点,是由于国家一部分人政治上的落后,以及各党派缺乏统一一致的纲领,以及军事战略上的某些致命的错误。他对战争开始时的一些做法提出的批评是极其直率、十分诚恳的。显然,他考虑的不是捞政治资本,而是要宣传他认为是更加有效的总政策。

"在您看来,抗战成功的必要条件是什么呢?"

毛又将回答一分为二:政治的和军事的。

"政治上说来,"他说,"首先须将现政府改造成为一个有各界人民代表参加的统一战线的政府。这个政府必须是民主的,又是集中的。允许人民有言论、出版、集会、结社和武装抗敌的自由,使战争带着群众性。对于人民,不仅民主自由是必要的,而且人民生活也必须有一个真正的改善……只有如此,人民才可能齐心协力地支持政府。"

"军事上说来,"他继续说,"亦须实行全盘的改革,主要的是战略战术上单纯防御的方针,改变为积极攻击敌人的方针;旧制度的军队改变为新制度的军队;强迫动员的方法改变为鼓动人民上前线的方法；不统一指挥改变为统一的指挥；脱离人民的无纪律状态改变为建立在自觉原则上的秋毫无犯的纪律；单单正规军作战的局面改变为发展广泛人民游击战争配合正规军作战的局面等等。"

关于他们党的"十大纲领"毛还可以谈很多，从这里援引的话来看，其主要轮廓是十分清楚的。最有趣的也许是，真诚地提出这些实际建议的人，正是被国民党长期视为死敌的人。建议的每一条都可以从孙中山什么文章中找到出处。共产党所要求的，事实上是国民党自己应该开始部分实行的，但被长期忽视的最初的纲领。

"国民党现在已经部分地实行了民族主义的原则，"毛说，"这表现在实行了对日抗战。但是民权主义还没有实行，民生主义也没有实行，这就使得现在的抗战发生了严重的危机。"

"现在战争如此紧急，应当是国民党承认并实行他们的三民主义的时候了，再不实行就悔之莫及了。"

时间很晚了，打着哈欠的"小鬼"给我们的茶杯添满茶，我也困了。但是，毛似乎睡意全无，后来送来一扎电报吸引了他的注意力，这才作罢。当我们动身时，他送我和吴黎平到院子里。

"你们一定再来，让我们一起再多谈谈。你们知道口令吗？我派一个警卫送你们回去好了。"

我们在漆黑的院子里握手告别。毛站了一会儿，一个高大、稳健的身影，举头望着那耸入星空的悬崖。然后毫无倦意地转身回去，又要熬上一个通宵了。

经过这第一次长时间的交谈，与毛泽东分手之后，我就试图记录下关于毛的一些印象。这个人物对于未来复杂多变的局势的发展可能会起举足轻重的作用。这位中国共产主义运动的领袖，常常被描绘（虽然描绘他的人都从未见过他）成一个"激进分子"，一个心怀不满的"阶级革命者"；以至于我，来之前我以为多半会看到一位杰出的狂热分子。这些想象也许是根据收集到的一些出版的照片得来的，因为毛的长头发和不修边幅似乎证实了这种传说。

但是，只要同这个人有最简短的接触，他那丰富的人情味和幽默感，足可以推倒上述种种猜想。事实上，毛泽东给我的印象里，他是我在中国遇到的最冷静、最有条不紊的人。与他谈话，你马上会意识到他头脑灵活，思路清晰，意识到一种巨大的知识力量，除了渊博的知识外，他处理任何问题都非常实际，而且对自己的同胞们有深刻的了解。

毛泽东是地道的中国人，他从未离开过中国，在生活中尽可能紧密地与人民打成一片，特别是与中国的工人和农民打成一片。他对政治理论的掌握，无疑是要归功于大自然的恩赐——一个有过良好训练的大脑和惊人的记忆。他博览群书，兴趣广泛。不同于一般的中国人（或者至少不同于一般知识分子）的地方，就在于他能够非常好地抓住细节、能长时间持续思考的能力，以及他既能集中从事眼前的工作而又不忘记最终目标的能力。

应该说，毛泽东的那种敏锐性、灵活性，代表了中国人智慧之精华。这便是使他在一个不乏政坛风云人物的国家里成为一个成功的战略家的因素。然而，主宰和控制这个头脑的是经受过锻炼的、雄心勃勃的人的意志。这在中国就更少见了。这两者的结合是可怕的。中国革命没有列宁，但如果说有谁同中国民众之间的关系，就像列宁在一生中同欧洲工人的关系一样的话，那么，这个人就是毛泽东。

（本节标题为增订本编者所加）

两个政党

　　10月的另一天晚上，我和吴黎平对桌而坐。没生火的窑洞有些凉意，我双肩披着一床毛毯。吴坐着，两手捧着瓷茶杯。毛泽东舒展地躺在帆布靠椅上。这是他自内战结束以来唯一的一个奢侈品。我心中暗想，他不停地抽烟是不是想借此取暖。

　　这种简陋的摆设，不仅使我联想到另一个首府——南京。在那里，10多年的一党专制，使国民党政府修起了相当豪华的门面。此时此刻的南京也许警报正在高叫，探照灯正在扫射天空以防夜间的偷袭……然而，南京这个首府尽是做一些虚装门面的事。如果那些死要面子的老官僚和官僚作风随同那高大的建筑物一起在日军炮击下毁灭，我丝毫不会为此惋惜的。从现在起，必须从掩蔽部里治理中国。回到现实是有益的：掩蔽部的气氛，危机的紧迫感，正是长期以来产生中国领袖人物所需要的条件。

　　人们希望：南京，最好的部分将保存下来；最坏的，将随着欧式建筑的夷为废墟而埋葬。

　　延安，我们的窑洞里，我们正谈论战时的政府问题。"历史上的一切战争"，毛说（有时他俨然像一位教授），

"依其性质可以分为两类，一是革命战争，一是反革命战争。例如二十几年前的欧洲大战，就是一个非正义的帝国主义性质的战争。那时各个帝国主义国家的政府强迫人民为帝国主义的利益作战，违反人民的利益；在这种情形下，政府的绝对中央集权制就是需要的。今天的日本政府也是如此。

"可是历史上还有革命的战争，例如美国的独立战争、法国大革命初期的战争、苏联抵抗外国干涉的战争、目前西班牙人民的战争。在这一类的战争中，政府和人民的目的是一致的；这类战争的基础建立在人民的全力支持和同情之上，所以政府不但不惧怕人民，而且必须唤起人民，引导人民发表意见，以便积极地参加战争。

"中国的民族解放战争是人民完全同意的，无论政府还是人民在这场战争中都有一个共同的目的。因此，政府越民主，战争的组织工作就越成功。这样的政府就不应畏惧人民反对战争，相反，这个政府所顾虑的，应是人民的不起来和对于战争的冷淡……这就是我们现在在中国必须有真正民主的政府体制的原因。"

"那么，你们准备经过什么步骤实现新的政治制度？"

毛用手指习惯地摸了摸前额，"关键在于国共两党的合作。15 年来的中国政局，国共两党的关系是决定的因素。1924 年到 1927 年的两党合作，造成了第一次革命的胜利。1927 两党的分裂，造成了 10 年来的不幸局面。现在进入第三个阶段了，两党再次建立了合作关系。为了抗日救国，两党必须在一定纲领上进行彻底的合作。新的民主政治制度的建立，是这纲领的重要部分。"

最后，一切都归结到了政党之间进行合作这个基本问题。然而，只要战争还在继续，中国共产党实际上就处于一个相当有利的地位。国民党内依旧有坚决反对共产党的顽固分子，可能会因为共产党影响的扩大而嫉恨。但是，蒋介石完全懂得：在战争危机中，与共产党进行军事的和政治的合作是有益的。这样，顽固分子想要公开地与共产党发生冲突，就不那么容易了。具有讽刺意味的是，昔日破坏 1926 年民族联合的人，现在倒有点像抗日统一战线的保护人了。

"在将来的一些日子里，"我问毛，"怎么可以保证民族统一战线不会出现 1927 年那样的分裂呢？"

他答道，"这有四个主要的因素，能够使现在的民族统一战线平安发展。第一，中国人民已从过去的 10 年里得到了许多教训，他们不会忘记他们在这个时期曾深受其害——所有的苦难、不幸的经济困难，都是由于国民革命统一战线在 1927 年破裂这一事实造成的。他们不会忘记国民党同红军的将近 10 年的内战。中国人民不会让此事重新发生；不会允许民族统一战线被这个战线中的一小部分人搞垮。如果某些人再企图搞垮它，大多数人民是决不会支持他们的。人民将会为统一战线而战斗，因为他们懂得，只有通过这一战线，才能够实现民族救亡。

"第二，在1927年搞垮统一战线的那些人，也已经得到了最近10年的教训。他们也一定懂得，1927年统一战线的破裂，给中华民族带来了严重的危害，懂得他们已经受到了中国人民的警告，出卖民族革命，决不会再度得逞。

"第三，从过去的10年中，我们共产党人也获得了许多经验与教训。中国共产党将竭尽全力来维护和加强统一战线，以坚定不移的民主纲领鼓舞全中国人民去参加抗战。

"第四，目前的国际形势也不同于1927年，它也不会允许中国的统一战线再次轻而易举地破裂。相反，国际形势要求一个强大而广泛的抗日统一战线，并配合世界反法西斯侵略的和平战线的斗争。"

毛对于战争的整个分析，使我印象最深的是：他充分相信中国人民，相信中国革命的前途。中国共产党诚恳接受蒋介石的领导绝对不成问题，在北方战场上，已经用鲜血表明了这一诚意。同我谈过话的毛以及其他中共领导，对于统一战线有着共同的看法。他们认为统一战线并非战时的权宜之计，它对于保证中国人民成功地进行抗战，直到建立孙中山曾憧憬的"民主共和国"，有着决定的意义。

当我问毛泽东估计战争将要持续多长时，我发现他们并没有想走什么捷径。

"我们相信战争将是持久的，"他说，"日本人民觉悟起来反对他们自己的法西斯集团，需要时间；国际形势朝着有利于中国成功方面转变，需要时间；最后，中国自身改变国内的政治形势，也需要时间。

"这最后一点，是一个漫长过程中的一部分。在这一过程中，中国人民将会吸取他们第一次失败的教训，将会更改陈旧的军事和政治制度，将群众组织起来去进行胜利的战争。只要这一过程继续下去，日本法西斯主义者和军国主义者就只能是作茧自缚。

"所以，在第一阶段失去战机之后，我们不会气馁。我们将决不允许悲观主义或失败主义的情绪在中国滋长。我们将承认持久战的事实，为了最后的胜利而坚持不懈地、无所畏惧地创造条件。我们相信，在两年之内或更长一点，中国将会具备胜利的条件。我们一定会达到这样一个境地，即彻底打败日本帝国主义。"

"你认为在日本有可能发生革命吗？"我问。毛点了点头。

"这些年来，日本法西斯集团和军国主义者沉重的压迫，已经限制了日本国内革命力量的任何行动。在表面上，可能会出现这样的现象，似乎没有什么人反对战争，日本民族都支持战争。

"而事实上日本法西斯正在为他们自己掘墓。日本人民被压迫得越苦（只要战争拖下去，压迫必然增强），革命反抗的力量就会越大。所以，日本的革命运动将必然随着战争的延续而不断发展。但是要打倒日本帝国主义，首要的条件，依然是日本军队的战败，以及中国人民斗争的胜利。"

所有这些，在多大程度上符合蒋介石关于战争的看法是很难判断的。但重要的是，双方在重大问题上取得了一致，使中国有可能实现一个团结的战线。关于蒋介石将军在西安脱险，安全地返回南京之后的情况有一个传说。这个传说可能不足为信，但如果有点真东西的话，那它实际上是对这位中国总裁性格的精辟的分析。朋友们纷纷前来祝贺蒋介石侥幸脱险重新掌管国家大事。总裁提醒大家，谁也不能永远不下台。

据说他半开玩笑半当真地讲，"如果我因为病，或因为别的什么不幸而下野的话，你们猜我会提名由谁来接任我？"

于是，有人出于礼貌，故作慎重、其实又很勉强地提了一大批名字。大部分人猜的是蒋的年青的和最积极的将军之一程潜，还有人提汪精卫、孔祥熙以及其他国民党的元老。

每提到一个名字，蒋介石都说，"不是。"

"作为我的继承人，我自己要选择——白崇禧将军！"

这很有趣。因为白将军在南京政府组建后不久同总裁发生过激烈的口角，并已远远地躲到了广西，这样做，或多或少有点与蒋介石对着干的味道。

但是，白的名字虽提得突然，但和下面的名字比起来，简直算不了什么。

"第二人选呢？"蒋还要大家说。大家刚才已提了些人，此时想不出更合适的人选来。"第二人选"，总裁平静地说，"我要提毛泽东"。

我当然不能担保传说全部是真实的，但这里包含着一个深刻的政治寓意。蒋很佩服这两位中国领导人的能力，他在提名时竟然会想到他的这两位过去 10 年中最主要的对手，这位大战略家终于承认了自己无法征服的这两个对手（两者都一度是他的同志）。

然而，有意义的是，近一年之后的现在。白崇禧已率部从广西开到北方，在蒋介石麾下控制华中的主要战场。毛泽东则在地势优越的延安，指挥着共产党军队。南京政府正式委派他负责把守西北的要害地区，并担负起拖延华北战争的主要任务。

八 路 军

早已在平型关战役和晋北战役中显示出来的、导致中国共产党军队取得辉煌胜利的原因何在？这个军队在国内战争中确有过惊人的记录。但是一些军事观察家总把这些解释为国民党军队不够坚决，从而看不到中国红军特殊的战斗力。业已证明，红色分子的所作所为是同消极抗战的队伍不一样的，但这些观察家认为中国红军尽管能够对付"围剿"，却根本不要梦想能够对付日本这样装备精良、训练有素的现代化军队。

但是战争的头几个月，证明恰恰相反。从技术装备和供给看，八路军在当时比起北方的一些地方军来，情况还要糟得多。但是，后者在侵略者面前节节败退，屡遭失败，而共产党的军队，从刚一参战起，就能够打胜仗。

当然，关于这点并不神秘，可以这样解释，即这一切不仅是因为这支工农武装具有卓越的战斗精神，而且是因为中共的指挥员们所具有的根本不同的防御战的战略思想。这一战略在卢沟桥事变爆发的前一年毛泽东就进行了概括。① 但是，既然它已被实际运用到抗日战争中去，它

① 见埃德加·斯诺《红星照耀中国》第三部分，第三章。

268

不再是一个有趣的纯理论，而成为一个影响战争进程的关键因素。

"能够给我介绍一些有关八路军的情况吗？"我在 10 月的一天这样问毛泽东。

"在战略和战术问题上，"毛回答，"一般可以说，我们采取了其他中国军队所没有采取的行动，主要的是在敌军翼侧和后方作战。这种战法，比较单纯的正面防御大有区别……只有这样，我们才能保存自己的力量，各个击破我们的敌人。此外，在敌人后方活动的力量是特别危险的力量，他们能够破坏敌人的基地和通讯联络。

"关于战争，拿现时这一阶段的情况来讲，集中使用兵力之时较少，分散使用兵力之时较多，这是为着便于在广大地域袭击敌人翼侧和后方。

"军事上的第一要义是保存自己消灭敌人，而要达到此目的，必须采用独立自主的游击战和运动战，避免一切被动的呆板的战法。如果大量军队采用运动战，而八路军则用游击战以辅助之，则胜利之券，必操我手。"

在此后几个月里，人们常常可以听到许多关于中国开展"运动战"的可能性的议论。而当时，蒋介石最精良的部队仍困于上海一带，每天比日军损失多四五倍，"运动战"仅仅是纸上谈兵而已。毛认真地解释了他的理论就是：只要能够守住，决不放弃重要阵地。但我知道，他认为上海的防御战虽然打得英勇，但他们试图在日军战舰的大炮射程内守住过长的战线，从军事上看是一个错误。对此，大多数外国观察家也许赞成毛的这种观点。

"八路军更有一种极其重要和极其显著的东西，"毛继续说，"这就是它的政治工作。八路军的政治工作的基本原则有三个，即：

"第一，官兵一致的原则，这就是在军队中肃清封建主义，建立自觉纪律，实行同甘共苦的生活，因此全军是团结一致的。

"第二，军民一致的原则，这是我们的军队立于不败之地的原则。我们必须与普通老百姓保持尽可能密切的联系，而决不用任何手段去违背他们的利益。那么，人民就会支持我们，为我们工作、送情报、保守军事秘密。同人民合作是我们军队成功的一个重要因素……我们获得这一新的力量，不是靠强迫命令，而是靠宣传鼓动与对人民的政治组织——一个非常有效的办法。

"第三，瓦解敌军和优待俘虏的原则。我们的胜利不但是依靠我军的作战素质，而且依靠敌军的瓦解。瓦解敌军和优待俘虏的办法目前收效尚未显著，但在将来必定会有成效的。"

"八路军的作风与战略，是否也能适用于其他中国军队？"

"尽管我们的军队有以上的特点，以致对日本构成特别威胁的因素，"毛答道，"但是，它仍不能够在抗日战争中起决定作用。在数量上它仍然是有限的。当前，国民党军队仍在中国的抗战中起决定作用。

"但没有理由说，八路军的某些优点就不能被其他的中国部队所利用。国民党的军队本来是有大体相同于今日的八路军的精神的，那是在 1924 年到 1927 年期间。在大革命期间，新的部队的战略战术与他们的政治精神是一致的。这不是被动的、呆板的作战，而是主动的、活泼的、富于攻击精神的作战。因此获得了北伐的胜利。

"现在的抗日战争，正需要这样的军队。"

在红军时期，中国共产党最强大的武器之一，就是在白军中进行宣传。人们可能以为对于外国军队，这种做法是非常有限的。但是，中国红军则是孜孜不倦的宣传员，可以肯定，他们决不会放过任何一个可以做宣传的机会。

"你们对于俘虏，对于日本的普通士兵的政策究竟是什么？"我问毛泽东。

"与过去 10 年里红军一贯采取的政策本质上相同。"毛答道，"俘虏一旦被解除了武装，就不应当用任何方法去侮辱和虐待他们。我们向他们解释，中国和日本的人民是有着共同的利益的，然后就释放他们。

"当然，我们在官兵之间，低级军官和高级军官之间也允许某些差别。那些出身被压迫阶级的普通士兵，特别是那些被日本帝国主义强迫与我们作战的蒙古族和满族人民，我们把他们当作我们的朋友和同志。我们欢迎任何一个愿意同我们一道反对日本帝国主义的人加入我们的队伍，而对于那些不愿意呆在我们队伍中的人，我们给予他们自由，他们可以返回自己的部队。对待军官也是这样。但是，对于那些指挥过战争反对过我们而又帮助制定日本帝国主义现行政策的高级军官，我们要将他们扣留在中国一段时期，以便他们有时间认识和评价自己的错误。如果他们认识到自己的错误，我们也将释放他们。"

"但是，根据日军的纪律和传统来看，"我辩解道，"这种政策能取得效果吗？释放的俘虏如果回到自己的部队去，就会被他们的长官杀掉。总的说来，日军是不会理解你们政策的意义的。"

"他们杀得越多，"毛肯定地说，"就越会引起日军士兵对中国军队的同情。对于最近山西战斗中被俘的那些俘虏，我们就已经采取了上述政策，我们将继续这样做。通过这个办法，人们就会清楚地认识到我们正在与之战斗的真正的敌人是日本帝国主义，而不是日本人民。

"我们同日本人民没有冲突，同被压迫的殖民地民族的人民没有冲突，尽管他们被派来对我们作战。这些人民是我们的朋友，有些不愿回去的，可在八路军服务。将来抗日战场上如果出现'国际纵队'，他们即可加入这个纵队，拿起武器反对日本帝国主义。"

当时，这些听起来根本无法实现的事情，我不能不把它们当成是毛泽东偶尔的异想天开而已。当我在八路军那里遇到日本俘虏，并同他们谈话之后，我开始改变了我的这种看法。到我离开中国的时候，蒙古、满洲，甚至还有日本的部队，在共产党的领导下，已经在北方组织起来，真正地同中国游击队肩并肩地战斗了。

（本节标题为增订本编者所加）

附

在 延 安

我们到达延安时，延安成为"特区"的首府已差不多有8个月了。这个城市开始了它的新生活。人口这时已增加了3倍，达到4万左右；买卖很兴隆，这一点，可以从顺着弯弯曲曲的主要街道除原有商店外新增设的货摊看出来。街上，身着灰蓝色军装的士兵、军校学员、新建大学里的男女学生和身穿棉衣或肥大的羊皮袄的陕西老乡来来往往，川流不息。延安虽然不大，但它的确具有首府的气派。从政治意义上来讲，作为在统一战线中影响日益扩大的中国共产党的中心，延安大概可以算得上是中国的第二城市了。

我们被安顿在延安"外交部"的"宾馆"内。(这恐怕是世界上冠以这种称号而又最朴素无华的建筑了。)这里共有3间客房，环绕着一个小小的庭院。每间房中的床都是用砖砌的炕，炕上铺着灯心草编织的席子。然而，房内十分干净整洁，雪白的墙上挂着人们熟悉的列宁和斯大林的画像，还贴着一些五颜六色、用好几种外语书写的革命标语。我们一到，门边就站上了武装哨兵，我觉得，这完全是出于友好而照顾这些南方来的代表的"面子"。

我将自己的介绍信交给了"外务委员"吴黎平①。这个年轻人似乎掌握了一个外交家所需要掌握的各种语言。他操着一口流利的英语，对延安只能给我们提供"简陋的条件"表示歉意，并邀请我去公共食堂同其他代表以及一些官员们一道进餐。在这里，招待我们吃的是传统的中国菜，那丰盛的菜肴与我曾听到的关于延安食品匮乏的说法大相径庭。

"你们平常吃饭也是这样吗?"我问道。吴黎平摇摇头，然后悄悄对我说:"当然不是。只有招待客人才如此!只要你们在这里，我们一定尽可能安排最好的伙食——这是中国人待客的习惯。但我们自己不吃这样的菜。"后来，当我开始对延安的日常生活熟悉起来时，我发现这的确是真的。共产党不是禁欲主义，如果他们能够弄到一些好吃的，也会像任何一个普通中国人一样去品尝一番。但是陕北物质来源极其有限，在延安通常吃的是未经发酵的馒头、小米和白菜，偶尔也吃到一次肉。这里所有的人，包括政府干部，都是吃这样的标准伙食定量，除非有恰当的理由来会餐。

在延安的第一个早晨，碰巧是军政大学举行毕业典礼和开学的日子。我们接到了正式邀请，吴黎平一大早就来找我，让我别忘记了。

---

① 吴黎平当时担任中共中央宣传部副部长。——译注

"毛泽东要讲话，"他告诉我。"他难得像今天这样起这么早。"以前我就听说过毛有开夜车的习惯。他总是深夜办公，常常到接近中午才起床。

军政大学是训练部队各级军事、政治干部的学校，是中国共产党建立的最早的正规机构之一。它最早的固定校址是在江西老苏区首府瑞金。在这之前和后来，红军从江西撤出以后，它一直是随部队转战的一所"流动学校"。可能除了"党校"外，军政大学担负着为中国红军的发展培养领导干部的重任。

现在，军政大学设在一座又大又破的寺庙建筑里，这曾经是一所中学的校址。大门挂满了彩旗和抗日的标语，有几条还是用英文写的，其中一条写着："欢迎来中国的外国朋友！"并配有一幅插图，画着两个面目可憎的穿着外国服装的人：其中一位头戴礼帽，嘴上叼着雪茄烟；另一位戴着一顶花格帽子，还戴着我想大概是一副眼镜之类的怪玩意儿。

"您瞧，大家都在恭候您呢。"当我停住脚步，端详着这幅杰作时，吴黎平淘气地说。

"谢谢！但是，我看你们的这位艺术大师是靠画帝国主义分子的漫画而练出来的。哦，我今天得讲话吗？"

"我们很想请您谈谈，谈点儿国际局势……"

在宽敞的院子里，大约有1500名军校学员与教官一排排地盘坐在石板地上。他们的头顶上飘扬着国民党的青天白日旗，也飘扬着镰刀和斧头的红旗。这种稀奇的现象可以说是统一战线的一个副产品。讲台上醒目地悬挂着用几种文字——包括世界语（中国革命者对此有特殊的爱好）写的标语。"国际反法西斯侵略和平阵线万岁！"这条主标语使我们很受鼓舞。

会议尚未开始。我们从一群面带微笑的女学员身旁经过来到前面。她们身穿制服、腰束皮带，看上去很干练。有人给我让了条木板凳，还递过来一杯茶。它是用一支破搪瓷杯盛着的。在我身旁，一位个子高高的、身体微微弯曲的人站起来，向我伸出了手。在褪色了的蓝军帽帽沿下，我看到了一双眉头皱起而又敏锐的眼睛。

"毛主席。"吴黎平说。

毛泽东已经不是什么神奇的人物了。过去，一些外国作家根据一些传闻，很不负责地把这位最出名的中国共产党的领袖描述成一个头脑疯狂的理想主义者，一个"身患不治之症"的狂热的病人等等。也许是由于听信了有关毛泽东的一些传闻的缘故，同他给我的这个初次印象相比，使我颇觉意外。毛那丰润、没有皱纹的脸庞，依然年轻的体态，像书生似的微微驼着的背，尤其是他那孩子气、顽皮而极有感染力的愉快心情，同我听到的有关他是"铁布尔什维克"和中国红军作战统帅等等传闻相去甚远。

"坐，怎么不坐啊？"毛用很重的、挺悦耳的湖南口音说，"抽烟"，他在敞着怀的棉衣口袋里掏着烟，拿出一包揉皱了的"海盗"牌香烟，说，"散会后我们谈谈。"

这时，开会的军号声响了，学员们笔直地立正站好。

掠过一排排热情洋溢的年轻人的面孔，我向小河后那青灰色的悬崖瞥去，那里仍然缭绕着淡淡的晨雾，金光闪烁的宝塔高高耸立着。没有哪个电影导演能够设计出比这更美的革命场景了。在我们的头上，绣有黄色镰刀和斧头的红旗在蓝天中越发显得鲜艳夺目。

　　"起来，饥寒交迫的奴隶，

　　起来，全世界受苦的人……"

　　男人的声音与姑娘们铜铃般的声音混在一处。自从我到中国以来，这是第一次听到人们高声齐唱《国际歌》。

　　久经考验的军校校长罗瑞卿[①]主持会议，几句开场白过后，便请毛泽东讲话。毛显然有点舍不得地熄灭了烟头，很随便地走上讲台，他敬了个礼把帽子往上推了推，然后将手反背在背后，平静而自然地讲了起来。

　　我注意观察这位领袖人物的演说技巧，但他并没有使用什么技巧，相反，毛说话操着乡音，不断表现出农民那种生动的幽默，使用的是连为我们续茶的 12 岁的"小鬼"都能听懂的直截了当的、实实在在的话语。我知道，对什么人讲什么话是毛泽东的特点。要把毛的那种演说风格以及讲话的语气、方言习语全翻译过来，也许是不可能的；他讲话中的"土话"和"习惯表达方式"是取之不尽，用之不竭的，但在吴的帮助下，我做的笔记足以把他讲话的

_____

①　罗瑞卿当时担任抗日军政大学副校长。——译注

中心大意贯穿起来。

"同志们，"他说，"400多年来，中国从来没有经历过像今天我们的人民对日本帝国主义这样的生死斗争。正是在这危急的时刻，军政大学第十三期学员现在毕业了，新的生活开始了。

"在学校里面，我们能够做的每一努力，都是直接地有利于这场斗争。在中国虽然有许多武装力量，但在所有这些力量中，只有我们自己的人民革命军队通过过去那种特殊的经历，已做好了抗战的准备。为战胜日本帝国主义，我们必须有一个真正的革命纲领！这样一个纲领，并不是所有的中国军队都已实现了的。

"我们至少需要一支具有这种纲领的部队，使它成为一个典范，成为其他军队的榜样。八路军就应当是这样一个模范的军队。我们必须为其他的中国部队树立起一个好的榜样，这不仅要通过我们的英雄主义和纪律，也要通过我们在群众中的工作，通过组织中国人民去进行革命战争……

"我们也需要一种新的战略。旧的战略意味着军队要有一个能够提供军需和通讯联络的后方。但是，如果我们得到人民的通力合作，那么我们就不需要有这样一个后方。这就是我们的部队能够在晋北打败日本人的原因所在。日本强盗占领的地盘越多，那么，我们工作的天地就越广阔！

"日军的坦克、大炮和飞机比我们多得多，但这并不意味着我们不能和他们作战。我们希望将来能有我们自己的坦克、大炮和飞机，但没有这些我们照样能战斗。即使我们连步枪也没有，但我们只要有中国群众的通力合作，我们用棍棒和石头同样也能够作战！

"任何一个军队，不论它装备多么精良，都有自己的弱点。我们的任务就是要在实战中找出日本军队的弱点。如果我们足智多谋，坚定不移，我们就一定能够一点一点地消灭它。"

毛继续讲这支共产党军队的"三大纪律"———一切行动听指挥；不拿群众一针一线；一切缴获要归公。"记住，"他说，"你们决不可以从农民那里拿走哪怕是一个红薯，只要拿走一个，就会还想拿！这正是一些旧式中国军队的一个弱点。他们总是不尊重老百姓的权益，因此同人民的关系总是不融洽。而没有这样一个紧密的联系，这些军队就不可能有效地作战。

"让我们记住孙中山先生的遗嘱。他说，余致力革命40年，然革命尚未成功，原因即在于整个中国人民尚未觉醒。这就是孙文主义精神之精髓，是马克思主义以及任何政党的精髓！现在，我们党以及我们的军队必须有这样两个指导原则：第一，集中我们的军队，用最有效的方法打击敌人；第二，把我们的政治工作深入到中国民众之中，彻底地唤醒他们投身于民族解放斗争和民主革命。

"为了唤起民众支持我们，我们必须改善他们的生活。我们必须剪除重税，减轻群众的经济负担。中国人民一定要有自己的武装，并组成机动灵活的游击队，配合正规部队。如果这些方面都做好了，我们就能从各个方面来打击敌人。即使日军封锁中国，我们也能够反过来包围日本军队，切断他们的后方，将他们各个击破。

"只要我们能组织这样一场群众战争，那么，日本士兵就将很快丧失作战勇气，就会掉转枪口打他们自己的长官。因此，我们现在的任务便是：不允许任何妥协和投降，而要准备持久作战，努力争取全中国人民的完全合作！"

在其他一些人讲话之后，会散了。我们走进隔壁一个庭院里，参加在这里举行的露天宴会。这就是军校校长已经讲过的，边区政府花费了200元钱的宴会。他说这笔钱花得是正当的。（平均每人约两毛钱！）他解释说，毕业生将要奔赴前线，应当为他们饯行。晚上，还将为他们进行专场演出……

我和我的同伴们与毛泽东同坐一张圆桌，还有中共中央书记处书记洛甫，他架着副眼镜，以前曾教过书。在饭菜上桌之前毛随意用筷子夹红辣椒，津津有味地"空嘴"吃着。"你们英国人吃这个吗？"他问我。我说不吃。"可惜！湖南人有得 ① 辣椒不是菜！"

这是一个友好而无拘无束的会餐。军政大学学员的胃口显然很好，不过吃这么辣的菜早就该把他们的胃搞坏

---

① 有得，指没有，系湖南土话。——译注

了。毛问了许多关于国际形势的问题。这正值罗斯福总统在芝加哥发表著名"孤立侵略者"的演说之后，英美两国当时似乎有可能采取行动来扼制日本。"英国的劳工运动情况怎样？"他问我。我给他讲了群众在伦敦的集会以及他们对中国的同情。"那好，但他们能否促使英国政府采取更为积极的政策呢？"我发现，延安的这些政治领袖们，虽然居住在地理位置偏僻的地方，但对于世界局势的消息却特别灵通。"所有的常规电讯消息我们都可以收到，"洛甫告诉我，"当然，也有日本的军事报告。"

毛连续地抽着烟，甚至在吃饭的时候都抽。这一点，以及对辣椒过分的喜爱，似乎是他唯一的缺点：边区政府专门给他搞些香烟，"海盗"牌是他最喜欢的牌子。吃完之后，我们坐在椅子上，肚子填得满满的———一顿丰盛的中餐之后，人们总有这样的感觉。毛把一张纸拉到跟前，在吴黎平的提示下，用英文在写着什么。

"保证付500元钱，"他吩咐我，"100年之后还。"我在他递过来的账单上签了字。毛又拿过去小心折好装进了口袋，然后起身要走。"如果谁真要讨这笔账，"他一本正经地对我说，"按照中国的利率，英国的财政部也还不起！"

我来延安，正是为了从共产党人那里直接寻找关于这些问题的圆满答案：通过多次深夜的会谈，我从毛泽东这位中共方面最具权威的发言人这里获得了答案。在下面的章节里我将广泛地引述这些谈话。因为，对于在这场举世瞩目的战争爆发后不久的中国总的政治和军事形势，这些谈话都进行了分析。共产党，不论怎样看，都已成为当今中国相当强大、相当重要的一股力量，其影响很可能会日益增长。

无论他们将起何种作用，毛泽东都将扮演主要角色。

（摘自詹姆斯·贝特兰：《不可征服的人们》，

求实出版社 1988 年 3 月出版）

毛泽东 1944 年
同冈瑟·斯坦因的谈话

冈瑟·斯坦因

美国著名记者，曾任英国《曼彻斯特导报》、《伦敦新闻记事报》和《基督教科学箴言报》的特约记者。1944年夏秋，他与当时的重庆国民政府特准的第一批新闻记者考察了延安，在延安住了5个月。当时，他对中国共产党及其领导的中国革命事业的报导是客观的。毛泽东的谈话选自他1946年出版的《红色中国的挑战》一书。

毛泽东的信仰

……

毛泽东尽量给了我所需要的时间来详细地回答我问他的一切问题。在我的新闻采访中，没有一个受访者是有像他那样耐心的。

我们第一次谈话在下午 3 点钟开始，到早晨 3 点钟才结束。我们的谈话是在他那城外的 4 个窑洞组成的"公寓"的会客室里。这是一个高圆顶的窑洞，粉刷了的，而且简单地布置着；向外，可以看到一个美好的老果树园。毛泽东坐在一只东倒西歪的椅子上，把烟一支又一支地燃着了，然后带着中国某些部分的农夫所特有的奇怪声，把烟吸了进去。我靠在一只钉有拙劣的弹簧的矮沙发上，我的记事册放在一只摇动的微小的台子上，我把他所说的都写了下来。负责翻译的是曾经留学美国的《解放日报》的副编辑。毛泽东不时在窑洞里来回踱着，然后巍巍然地在我面前站了一会儿，他的眼睛继续向我注视了好几分钟，一面，他用平静的有力的言语慢条斯理地谈了起来。

在一棵老苹果树下面吃了短促的一餐之后，我们就到里面去继续谈了。两支蜡烛放在我们中间，它们把毛泽东的巨大的影子映到了窑洞的高圆顶上。他注意着我和对面的岩石。小台子在挣扎，因此他就走到外面花园里，拿来了一块平石子往一只台脚下面放好了。我们一边谈着，一边喝着一杯杯的葡萄酒，和吸着一包又一包的本地香烟。

在夜间我作了几次要离开的行动，虽然我是很想多问几个问题的。但是他不顾这些。他说他将给我更多机会的晤谈，可是今天晚上为何不继续下去尽可能地多谈些呢？到了早上3点钟我终于带着一颗负疚的心、疼痛的四肢，和燃烧的眼睛站了起来，但是他却还是像在下午那样清醒，那样有力，那样有系统地谈论着。

毛泽东没有规避我的任何问题，他的信仰给我的印象是诚实的。他那辩论的逻辑有力地反映着我在边区5个月中每天所见到的社会和政治生活的背景。

我把我的谈话笔记再译成中文给他看，要他确定这并没有错误夹在里面。差不多有一星期我没有把它们取回来，在那些日子中，当我偶然遇见了毛泽东，他便为了耽搁而抱歉着说："我必须和朱德同志，周恩来同志商议一下我所告诉你的一切。他们赞同了。"我的笔记于是原封不动地还给了我。

我把谈话的主要几点报告如下，这对这一章是很适切的；同时，为着要保持它那文献的特点，我没有加添我自己的任何解释。

"所有各国的共产党员只有一件事情是相似的"，毛泽东回答了我的问题：是不是真的不可能用党的名义变更"共产党那个难听的名字"。"他们所共通的是循着马克思路线的政治思想的方法。

"每个地方的共产党员必须区别这一种思想系统以及另一种完全不同的事情之间的不同：这就是作为他们思想系统的最后政治目标的共产党的社会组织系统。

"在中国，我们必须特别严格地区别共产党的观察、研究和解决社会问题的方法，和我们新民主主义的实践政策，后者在中国社会发展的现阶段中必然是我们的当务之急。没有共产党的思想方法我们不能够领导目前这个社会革命的民主阶段。而没有新民主主义的政治制度，我们也不会把共产主义的哲学正确地应用到中国的现实上去。

"我们目前的新民主主义必须在任何情形之下和在将来的一个长时期中继续下去。因为在中国存在的具体情形明示着我们必须继续那种政策。

"中国现在所需要的是民主主义而不是社会主义。更正确地说，中国目前所需要的有三：（一）驱逐日本人出境；（二）实行全国性的民主，给予人民各种形式的现代自由和由人民用真正自由和普选的方法选出国民政府和地方政府来，这已经在我们管辖下的区域内做到了；（三）解决土地问题，介绍现代化的生产方法，使进步性的资本主义能够在中国发展，能够改善人民生活标准。

"在目前，这些都是中国革命的任务。在这些任务完成之前，提到社会主义的完成只是空谈而已。这就是我在1940年所著的新民主主义一书中告诉我党党员的话。我已经说过，我们革命中的这个第一个民主阶段不会是短的。我们不是幻想家，而且我们不能和当前的实际情形隔离开来。"

他又微笑着说："不错，中国达到社会主义和共产主义的阶段很可能比你们西方的国家迟得多。因为你们在经济上的发展远胜于我们。"

当我问起毛泽东，他觉得新民主主义的主要的经济和社会的内容是些什么的时候，他就把将来共产党对地主的态度告诉了我。

"新民主主义的中心的经济特点，"他说，"是土地革命。这一点就是在目前抗日战争还是我们主要任务的时候也是对的。因为我们的农民是主要被剥削的人物——他们不单是中国反动派的剥削对象，而且也是被占领区的日本军阀的剥削对象。只有新民主主义的在我们战区内提出，才使我们开头就这样成功地抵抗了日本人，因为这一种改革是有利于造成了我们战功的真实基础的农民大众的。

"目前在中国其余部分的未改革的土地制度，和它分散的、各自的农民经济——这种制度不是使农民自由而是使他们束缚于土地；在这种制度之下，他们甚至在相互间很少接触而且过着一种呆滞的文化生活——曾经是我们古代封建制度和专制政体的基础。将来的新民主主义不能建立在这样的基础上面。因为中国社会的进步主要地将依靠着工业的发达。

"因此工业必须是新民主主义的主要的经济基础。只有一个工业社会能够成为一个完全民主的社会。但是要发展工业，土地问题必须先被解决。西方国家在许多年前的发展早已证明了没有一个反封建地主制度的革命，是不可能发展资本主义的。

"我们在 1937 年以前的，内战时期的土地革命，基本上是和一切西方进步国家在以往发生了的，而且扫除了资本主义民主制度的成长道路上的封建障碍的伟大的土地革命，具有着同样的社会性质。"

我问毛泽东，既然他仍然强调着继续土地革命的需要，没收地主的土地，然后把土地分配给农民的过激的内战时期的政策，难道这政策不会在目前的抗日战争结束之后再被采用吗？

他解释说："在内战时期，我们没有理由阻止农人没收土地，因为地主阶级不只是镇压他们，而且还实际上领导斗争反对他们。我们的党只是依照着农人的意见，将他们的要求编成口号，然后把它作为政策付之实施。这样的土地没收，在中国的情形之下不是一个坏政策。农民大众的基本要求一直集中在占有土地的希望上面。已故的国民党领袖孙总理认清了这一点，所以主张耕者有其田。这是在他改进民生的纲领中的主要一点。

"在反抗外国侵略者的民族战争的时期中，事情当然不同了。一个民族战争可能说服群众不要没收地主的土地，因为群众觉察到，在地主也愿意抵抗敌人的时候，没收土地的政策可能驱使地主到日本人占有的城市里去，而且可能使他们同日本军队一起回到他们的村庄里来收复他们的土地。

"如此做法，农民在抗日战争开始之后不久就明白了，我们那个替代没收土地的减租新政策有二重好处：改善农民的生活和劝导地主仍留在村庄里共同参加抗日战争。有利于佃户的普遍的减租和我们给予地主的实际保证——缴付已减租金，结果改善了佃户和地主间的关系；所以日本人在我们的地区里，实际上找不到一个人和他们合作。"

我要知道，当时这种改变共产党的土地政策是怎样决定的。

"这是我们党用民主方法来决定政策的一个典型的例子"，毛泽东说，"这个由没收土地而改为普遍的减租和保证向地主缴付租金的基本改变是先由党组织的低级同志提出来的。我们的中央委员会接受了他们的提议，因为这种提议是显著地基础于群众的愿望的。我们研究了并且提出了这些要求，把这些建议当作为一个总的政策来付诸实施。

"假使整个的中国在一切政党的合作基础上变成了一个真正的民主国家，它是可能在全国范围内实行我们的减租政策的。这的确将是一个大的改革，虽然他比起孙逸仙博士的耕者有其田的思想来还有逊色——孙逸仙博士的思想将是土地问题的最后解决方法。但是假使真正的民主政治被到处实行了，那末把一切土地和平地逐渐转让给耕者是可想而知地会在全国到来的。

"施行这种逐渐将所有土地移转给耕者的方法，会鼓励地主投资在工业事业中和策划别的有利于地主、佃户和发展整个中国经济的经济和赋税政策。

"但是，这种解决的方法依靠着中国国内的真正和平和真正民主。将来对于公然没收和分配土地给佃户的可能需要因此不能完全决定。因为在战后的时期中，如果国民党坚持着打击我们，可能再有内战。"

"然而"，毛泽东加重地说，"不管我们将有国内和平或内战，我们不愿意再没收土地了，我们要继续我们目前的减租政策和保证缴付田租给地主，因为这会减少进步和改革的一般阻碍。"

"我要提醒你，"毛泽东说，"在 1930 年国民党政府在南京颁布了一条土地法。限制地租为佃户主要收获的 37.5%，而自第二期收获起不用再付租金。但是国民党表示不可能和不愿意将它实行出来。这个法律从未实行过。因此只有共产党是证明真正能够实行土地改革的，虽然采用的只是一种减租的形式而已。"

我问共产党，对于在华的工商业资本在战后愿取的是什么态度。

"我们坚决地相信私人资本不管是中国的或外国的，必须在战后中国给以广大发展的自由机会，因为中国需要着工业的发达，"毛泽东回答。

"在中国和国外世界的战后的商业关系上，我们要以与各国自由平等贸易的原则来替代日本殖民地化中国的原则。在中国国内，我们要用我们在自由中国已经实行了的政策来替代国民党政府降低人民的生活水准，因而限制了国内工业发展的政策，那就是：增进人民的生产力，提高他们的购买力，因而完成了现代工业的最迅速最巩固的发达的主要的先决条件。

"按照孙逸仙博士的思想，工业将有三种形式，拿中国的一般情形来说，我们认为是对的。重要工业处于统制国家经济地位的，如铁路和矿产，最好能够由国家去发展和进行。其他工业将以私人资本发展之。而为着发展我们在手工业和农村小规模制造业中的强大潜力，我们必须依靠坚强地以民主方法来进行的合作事业。"

我问，在战后，中国共产党准备扮演的是一种怎么样的政治角色。

"我们党的全体党员当然只是中国人民中的一小部分"，他说，"只有那一小部分反映了大多数人民的意见，并且只有那一小部分为了大多数人民的利益而工作才能使人民与党之间的关系健全。

"今天共产党不仅反映了农民和工人的意见，而且也反映了许多抗日地主、商人、知识分子等等的意见，也就是：在我们区域内的一切抗日人民的意见。共产党是愿意而且将一直准备着和那些预备和它合作的一切中国人民紧密合作的。

"这种愿意表示在我们的民主代议的'三三制'中，

它限制了共产党党员在所有被选出的机构中的议席最高只好占全数的 1/3，而把其余的 2/3 的席位让给其他党派的党员和无党无派分子。"

"是的，"毛泽东回答了我的关于国共关系的问句，"我们也愿意和国民党合作：不仅是在战争继续期间，而且以后亦如此。那就是说，假使国民党让我们如此做法的话。

"并且我们是愿意像今天一样地在将来实行 1937 年对国民党允许了的四项诺言。"

我问他那些诺言的内容，这些诺言我常听见人在重庆被模糊地提起的，我还问他这些诺言有什么附带的条件。

"我们允诺：（一）不再继续我们在过去实行的那种土地革命；（二）不以武力推翻国民党政府；（三）承认我们在边区的苏维埃政府是一个民主的地方政府；（四）改编我们的红军为国民革命军一部分。

"我们在那个时候说过的这些诺言是我们决定要实现的，如果国民党方面：（一）停止内战；（二）抵抗日本；（三）采用一种民主政府的制度，并且给予人民以言论、出版、集会、结社的自由；（四）设法改善人民的生活。"

"对于你们目前的政策，在共产党中有反对的吗？"我继续着，"或者，对于你所解释的中国的长期需要有反对的人吗？"我所指的是重庆关于共产党党员内部分裂的纷纷谣传。

"不，"他说，"现在我们的党内是没有反对的人了。在早期有二种错误的倾向。一是托洛茨基质性的，它以陈独秀为代表，他是在 1942 年死去的，那已是他的反对失去任何影响后的好几年了。另一个是张国焘，他曾经有时候也反对我党的正确政策而离开了党，实际是孤单的。他现在国民党内做特务工作。这两种错误的倾向从未影响过我们党的巩固而且没有留下痕迹。"

我插嘴说，"你的意思是说，你们的政策是不曾受到过非难和反对么？"

"当然，在我们的各级人员中不同的意见也许是常常有的。但是我们终是用一种民主的方法——对于所争问题的讨论和分析——解决了。假使少数人仍然不信服多数人决议的正确，那末经过了党的会议的彻底辩论之后，少数人终于服从了多数人。我们工作中的决定因素便是：我们经常地发现了在我们的政策中有哪些是人民大众所接受的，又有哪一些是他们所批评或反对的。只有那些享孚众望的政策才会变成为，而且继续为我们党的政策。

"在提出一种新的政策的时候，党内外的人民往往会不十分了解。但是在执行任何政策的过程中，党内外绝大多数人的一致的意见是必定会形成的，因为我们党的组织是随时在注意着人民的反应，不断地在依照着实际的需要和人民的意见改变我们的政策。所有我们党的组织，自上到下，都在注意着我们的重要政策：不要使我们自己脱离人民大众，而要紧密地配合他们的需要和希望。

"我们的任何政策的是否正确一直必须经过试验，并且一直是在被群众试验着的。我们自己不断地在考验我们自己的决议和政策。我们一旦发现自己的错误便想法改正。我们从所有积极的和消极的经验中得出结论来，而且尽可能广泛地运用那些结论。共产党和人民大众之间的关系就是以这种方式经常地在改善。"

毛泽东谈到了他喜爱的话题上来了，那就是他不断要求全体党员在他们所有的决议和行动中注意到的群众观点。他热烈地说。

"这是最基本的一点。假使一个政党的领导分子是真正为着广大的人民大众的利益，并且是忠实地在这方面努力着的，那末他们有着无限的机会听取人民的意见。

"我们听取人民的意见。通过了村、镇、区、地方和在我们占领地区的各处的人民会议的媒介，通过了党员和各阶层男女居民间的个别谈话；通过了特别会议、新闻报纸，和我们从人民那里收到的电报和信件——通过了这一切，我们常常能够发现，而且的确发现了真正的、不矫饰的人民的意见。

"此外，我们的方法是在各种活动的场合寻找使人满意和不能使人满意的工作的标准例子。我们彻底地研究着那些例子，从那些例子学习，而且总结我们对于问题的经验来作出必要的改进的具体结论。这一种考察现实和研究工作好坏的例子，在一种情形内也许要花去几星期的时间，在另外的情形中也许要花去几个月，有时候甚至要花上几年。但是我们就用这样的方法一直和实际的发展保持着紧密的联系，发现着人民的缺少和需要，以及向那些工作做得最好的党内外的人民学习。

"我们的有一些干部有时候也许会不能彻底地了解我们的政策，而在他们执行的时候犯了错误，所以这样的同志是必须加以批评和教育的。要达到这个目的，彻底地研究和分析一件好工作的例子也是非常重要的。"

毛泽东给我看一份《解放日报》。"就拿今晚的新闻报纸作个例子吧。这里有一篇占了整整一页的长文章，详细地叙述着八路军中的一个连怎样克服了它的缺点而成为八路军中的最好的一个单位。我们军队中每一连的干部和战斗员必须要阅读研究和讨论这篇文章。这是把一个连的积极经验教育 5000 个连当作政策来执行的简单方法。在别的日子里，你会见到讨论一个消费合作社，一个学校，一个医院，或者一个当地行政单位的类似的文章。

"再说党内同志和无党派人民间的密切了解和合作的重要问题吧。现在已有了很大很坚定的改善了；但是我们的有些同志还是在犯着错误。

"某些事件和误解仍然发生着。到处仍旧有一些同志想独断地处理事情。

"因此我们随时叫每个人注意到在我们民主的'三三制'下给予无党派人士实际权利的重要。在实际执行我们政策的过程中，我们具体地向我们所有的同志指出了，我们和无党派人士间的真正合作不仅帮助了群众，而且也帮助了我们自己。结果，在党和无党派人士间的互相信赖，在他们必须一起来做的一切实际工作的进行中滋长起来了。"

我问毛泽东，他是不是认为共产党在它的政策中，曾经有过任何样的重大错误。

"在一切基本观点上，我们的政策证明了自始是对的。第一个证明就是我们在新民主主义下的基本政策——让人民大众为着国家的独立、民主，和在私有财产的基础上改善人民生活的革命而把他们自己组织起来。

"只有在把这些基本政策应用到具体环境上去的一方面，常常容易发生某些错误的倾向，一部分偏左和一部分偏右。但是总的说起来，它们并不是整个党或者党中的一群人的错误倾向，而是在我们队伍中的某些人的错误倾向而已。从所有的那一切错误中整个的党已经学得了教训。

"是的，在某些时期中，在我们的党内曾经有几个个人相信在这时的中国共产主义是可以实行的。但是这样的党却对此从未有过那种看法。甚至在我们的党内，也是不可能让主张立刻实行共产主义的社会制度的集团存在，因为中国的具体情形要使共产主义在很久的时期之后才能实行。

"国民党断言在我们党中有着意见分歧的集团，这是毫无根据的。国民党的本身是给小党派闹得分崩离析了的，因此它不能想象到一个真正团结的政党，那就是为什么这种谣传会使重庆有些人相信的理由。"

"你从未感觉到你自己是在少数方面；因此在有些问题上你自己的思想不能实现吗？"

"有的，我自己曾经是在少数方面。在这种时候我唯一应做的事情是等待。但是在近年来很少有那种例子。"

重庆的中国朋友要我找出究竟共产党是"中国第一"还是"共产党第一"，所以我就向毛泽东提出了这个问题。

他微笑着。"没有中国民族就不会有中国共产党。你也可以同样地问，先有谁？孩子呢还是父母？这不是一个理论的问题而是一个实际的问题；正像在国民党区域里的人们向你提出了其他的问题——我们是在为我们的党工作还是在为人民工作。随你要到什么地方去问我们的人民。他们都充分地知道，中国共产党是替他们服务的。他们曾经有着和我们同在最患难的时候的经验。

"至于对我们的思想方法，我已经告诉过你，我们像任何国家的共产党一样，是确信马克思主义是正确的。这大概就是人们问起我们究竟是'共产党第一'还是'中国人第一'时所指的。但是我们只相信马克思主义是一个正确的思想方法，这不能说我们否认了中国的文化遗产或者否认了非马克思主义的外国思想的价值。

"这当然是对的，中国历史传给我们的文化中有许多是很好的，而我们必须把这种遗产变成为我们自己的。但是，在中国还有些人崇拜着古代的陈腐思想。这些思想是不适合于我们今天的国家而相反地是有害的。那些东西必须被摒弃。

"在外国文化中也有许多我们必须接受的好的和进步的东西，而在另一方面，有许多像法西斯主义那样腐败的东西，必须加以毁灭。

"接受中国过去了的思想或者外国的思想并不就是无条件地将它们接收下来。它们必须配合中国的实际情形来实行。我们的态度是要批判地接受我们自己的历史遗产和外国的思想。我们反对盲目地接受和反对任何思想。我们中国人必须用我们自己的脑子思考而且必须要为自己决定能在我们自己的土地上生长出来的东西。"

"我要将今天中国所需要的总结一下，"毛泽东首先开始说。"中国需要国内和平和民主。没有国内的和平，中国不可能获得抗日战争的胜利或者获得和平。如果我们不能在对日战争后完成国内的和平，那末我们就会真正地扰乱和平的国际关系，因为假如在中国将有另外一个内战，那末它将继续一个长时期并且会影响外国。

"在国外的人民中间，仍然有许多还不曾完全了解，在过去 23 年的中国政治发展中，主要的问题一向是国民党与共产党之间的关系。在将来问题也将如此。

"在我们历史中的那个重要的 23 年的第一阶段——从 1924 年到 1927 年——没有国共两党的合作，中国就不会有民族革命。

"在第二阶段的后半部分——从 1931 年到 1936 年——中国无力抵抗日本是由于国民党的政府用了它的一切力量，进行了它的外国借款，雇用了外国的军事顾问，和其他的外国资助来发动反对中国共产党的战役。

"在第三阶段——从 1937 年到现在——假使不曾有过

国共合作，我们的反日战争不会是可能的，或者至少中国不会能够支持得那么长久。

"反之，假如国民党继续和共产党合作，至少像在战争第一个短时期内的那样合作，那末中国今日的抗日力量会比现在更要无限制地强大。"

（摘自冈瑟·斯坦因《红色中国的挑战》，
1946 年 7 月上海晨社出版）

毛泽东1946年
同安娜·路易斯·斯特朗的谈话

安娜·路易斯·斯特朗

美国进步作家和记者。从 1925 年起多次访华。1946 年 6 月第五次到中国访问，8 月毛泽东在延安杨家岭会见了她，发表了这篇谈话。1958 年她来中国定居。1962 年后，定期编写《中国通讯》，向国外读者宣传新中国建设的成就。著有《千千万万的中国人》、《人类的五分之一》和《中国人征服中国》等书。

一切反动派都是纸老虎

斯特朗问：你觉得中国的问题，在不久的将来，有政治解决、和平解决的希望没有？

毛答：这要看美国政府的态度。如果美国人民拖住了帮助蒋介石打内战的美国反动派的手的话，和平是有希望的。

问：如果美国除了它所已经给的以外不再帮助了，那末蒋介石还可以打多久？

答：一年以上。

问：蒋介石在经济上可能支持那样久吗？

答：可以的。

问：如果美国说明此后不再给蒋介石以什么帮助了呢？

答：在现时还没有什么征象，表示美国政府和蒋介石有任何在短时期内停止战争的愿望。

问：共产党能支持多久？

答：就我们自己的愿望说，我们连一天也不愿意打。但是如果形势迫使我们不得不打的话，我们是能够一直打到底的。

问：如果美国人民问到共产党为什么作战，我该怎样回答呢？

答：因为蒋介石要屠杀中国人民，人民要生存就必须自卫。这是美国人民所能够理解的。

问：你对于美国是否可能举行反苏战争如何看法？

答：关于反苏战争的宣传，包括两个方面。在一方面，美国帝国主义确是在准备着反苏战争的，目前的反苏战争宣传和其他的反苏宣传，就是对于反苏战争的政治准备。在另一方面，这种宣传，是美国反动派用以掩盖当前美国帝国主义所直接面对着的许多实际矛盾，所放的烟幕。这些矛盾，就是美国反动派同美国人民之间的矛盾，以及美国帝国主义同其他资本主义国家和殖民地、半殖民地国家之间的矛盾。美国反苏战争的口号，在目前的实际意义，是压迫美国人民和向资本主义世界扩张它的侵略势力。你知道，希特勒和他的伙伴日本军阀，在一个长时期中，都曾经把反苏的口号作为奴役本国人民和侵略其他国家的托辞。现在美国反动派的做法，也正是这样。

美国反动派要掀动战争，首先必须进攻美国人民。他们已经在进攻美国人民了，他们从政治上、经济上压迫美国的工人和民主分子，准备在美国实行法西斯主义。美国人民应当起来抵抗美国反动派的进攻。我相信他们是会这样做的。

美国和苏联中间隔着极其辽阔的地带，这里有欧、亚、非三洲的许多资本主义国家和殖民地、半殖民地国家。美国反动派在没有压服这些国家之前，是谈不到进攻苏联的。现在美国在太平洋控制了比英国过去的全部势力范围还要多的地方，它控制着日本、国民党统治的中国、半个朝鲜和南太平洋；它早已控制着中南美；它还想控制整个大英帝国和西欧。美国在各种借口之下，在许多国家进行大规模的军事布置，建立军事基地。美国反动派说，他们在世界各地已经建立和准备建立的一切军事基地，都是为着反对苏联的。不错，这些军事基地是指向苏联。但是，在现时，首先受到美国侵略的不是苏联，而是这些被建立军事基地的国家。我相信，不要很久，这些国家将会认识到真正压迫它们的是谁，是苏联还是美国。美国反动派终有一天将会发现他们自己是处在全世界人民的反对中。

当然，我不是说，美国反动派不想进攻苏联。苏联是世界和平的保卫者，是阻碍美国反动派建立世界霸权的强大的因素，有了苏联，美国和世界反动派的野心就根本不能实现。因此，美国反动派非常痛恨苏联，确实梦想消灭这个社会主义国家。但是在目前，在第二次世界大战结束不久的时候，美国反动派如此大吹大擂地强调美苏战争，闹得乌烟瘴气，就使人不能不来看看他们的实际目的。原来他们是在反苏的口号下面，疯狂地进攻美国的工人和民主分子，和把美国向外扩张的一切对象国都变成美国的附属物。我以为，美国人民和一切受到美国侵略威胁的国家的人民，应当团结起来，反对美国反动派及其在各国的走狗的进攻。只有这个斗争胜利了，第三次世界大战才可以避免，否则是不能避免的。

问：这是一个很好的说明。但是如果美国使用原子炸弹呢？如果美国从冰岛、冲绳岛以及中国的基地轰炸苏联呢？

答：原子弹是美国反动派用来吓人的一只纸老虎，看样子可怕，实际上并不可怕。当然，原子弹是一种大规模屠杀的武器，但是决定战争胜败的是人民，而不是一两件新式武器。

一切反动派都是纸老虎。看起来，反动派的样子是可怕的，但是实际上并没有什么了不起的力量。从长远的观点看问题，真正强大的力量不是属于反动派，而是属于人民。在1917年俄国二月革命以前，俄国国内究竟哪一方面拥有真正的力量呢？从表面上看，当时的沙皇是有力量的；但是二月革命的一阵风，就把沙皇吹走了。归根结蒂，俄国的力量是在工农兵苏维埃这方面。沙皇不过是一只纸老虎。希特勒不是曾经被人们看作很有力量的吗？但是历史证明了他是一只纸老虎。墨索里尼也是如此，日本帝国主义也是如此。相反的，苏联以及各国爱好民主自由的人民的力量，却是比人们所预料的强大得多。

蒋介石和他的支持者美国反动派也都是纸老虎。提起美国帝国主义，人们似乎觉得它是强大得不得了的，中国的反动派正在拿美国的"强大"来吓唬中国人民。但是美国反动派也将要同一切历史上的反动派一样，被证明为并没有什么力量。在美国，另有一类人是真正有力量的，这就是美国人民。

　　拿中国的情形来说，我们所依靠的不过是小米加步枪，但是历史最后将证明，这小米加步枪比蒋介石的飞机加坦克还要强些。虽然在中国人民面前还存在着许多困难，中国人民在美国帝国主义和中国反动派的联合进攻之下，将要受到长时间的苦难，但是这些反动派总有一天要失败，我们总有一天要胜利。这原因不是别的，就在于反动派代表反动，而我们代表进步。

　　(摘自《毛泽东选集》第4卷,1991年6月人民出版社出版)

附一

毛 泽 东

毛和在延安的其他人一样也住在一个窑洞里。他常常更换住所。也许是为了与一些人在一起，便于研究有关战略、土改和财政等问题；也许是因为他是中国共产党人的头号人物，恐怕遇到危险。1946 年 8 月，在我刚到延安不久，蒋在那里投掷的第一批炸弹就落在两周前毛曾居住过的窑洞不远处。延安有许多人认为轰炸是对准毛泽东的。除了偶尔变换住处以外，毛随意走动，无拘无束。

我同他的第一次会晤，由于早晨一场大雨，延河涨水而被推迟了。第二天，河水退了，我和翻译乘卡车前往毛的住处。卡车滑下陡峭的河岸，一颠一簸地越过河底的鹅卵石，从一个危险的角度爬上对岸，驶过杨家岭的大门，党中央就坐落在这个狭窄的深谷之内。我们在峡谷不远处下车，从一条两旁布满玉米和番茄藤的陡峭山道爬上去，来到一处挖有 20 来个窑洞的山壁。

其中有 4 个窑洞彼此挨着就是毛泽东的家。看到陆定一来当我们谈话的正式翻译，我很高兴。

毛泽东身材魁梧，毫无拘束，举止缓慢、有力而从容，很像一位美国中西部的农民。他那略带扁平的圆脸上，有一种平静而含蓄的表情，微笑起来则显得生动而幽默。在蓬密的黑发之下，宽阔的前额和敏锐的眼睛表明他思想活跃，富有洞察力，很难有什么东西能逃过他的注意。在一种深邃而机敏的理智的驱使下，他周身充满活力。

他身穿一套普通的蓝青布衣，态度从容不迫，沉着而友好。

我们坐在一棵苹果树下的平台上，这是傍晚时分，落日的余晖使贫瘠的山丘增添了光彩。毛的小女儿穿着鲜艳的花布衣服，在父亲的膝前玩耍；爬上他的膝盖，让爸爸亲她；还跑过来把手伸给客人，好奇心战胜了羞怯。

在谈话开始不久，我注意到在毛的窑洞上方50英尺的山间草丛处有响动。我问："谁在上面？"心想要是一枚炸弹扔下平台该是多么容易，不知道主席的家是否有警卫加以保护。

毛回答说，"是另外一家人家。他们的孩子们对我的外国客人感到好奇。"

我很少看到一个人自己如此愉快而随和地习惯于他的环境。多数知识分子因工作而需要一种不受打扰的私人生活，而毛却像一个农民，根本没有什么私人生活的要求。他需要的那种私人生活已经从周围邻居对他的尊敬之中得到满足。上面的孩子们向下窥看，但并没有发出声音。在会见时，毛的小女儿对自己该做什么也很有节制。当他集中思想进行我们之间的谈话时，她依偎在爸爸的身边安静地玩着，一点也不闹。

谈话进行得很顺利。陆定一翻译得既迅速又自然，几乎使我感觉不到语言的隔阂。毛的思想轻松地囊括了全世界，他的观点涉及许多国家和许多时代。他首先询问我有关美国的情况。我发现他对许多在美国发生的事情比我还了解。这是出人意料的，因为20年来，他从来没有与外界接触过。但是他有计划地获取情报知识，其用心程度不下于对军事战略。清凉山上那些小收讯机通过监听新闻为他收集到那么全面的情报，实在使人感到意外。他还利用同军调部飞机短暂接触的机会带进了许多国家的书籍和小册子。许多近期出版的美国的书籍已被全文翻译或摘译。外国来访者来到延安时总要求他们介绍本国情况。

毛认为，美苏战争宣传——指1946下半年，冷战已进行了一年——主要是"反动派放出的一种烟幕，用以掩盖更为直接的许多矛盾"。战争也许最终会发生，但他认为可以防止。他认为苏联当然不要战争，只有"美国垄断资本的右翼"才要战争。关于战争的谈论以及掀起的反苏恐惧情绪只有对"美国垄断资本有利，因为这样可以找到一个借口来向美国的人民生活水平和民权进攻，同时也找到一种武器，把"其他资本主义国家"置于美国的控制之下。毛说，但是要同苏联开战并不容易。不可能直接发动这一类战争。"必须通过其他国家，特别是英、法和中国来发动。"

为了说明他的观点，毛笑着把桌子上的茶杯和白色小酒杯摆来摆去，表明"美帝国主义"要发动战争不但有"美国人民"的障碍，而且在它和苏联之间还隔着极其辽阔的地带。这个地带的国家没有一个愿意卷入战争。他把火柴盒和香烟也放进了这个行列，风趣地说明它们各自代表什么国家。他说，如果很好地唤醒人民，"各国人民的合作"是会强大得足以防止第三次世界大战的。他认为这种合作能够取得胜利，否则就会发生第三次世界大战。

为我们准备的晚餐是可口的，有番茄、洋葱、青豆和辣椒，都是山坡菜园里种的。毛是湖南人，爱吃辣椒。点心是"八宝饭"，这是一种由 8 样果品配制的甜饭。这次只有 4 种：花生、胡桃、毛的菜园里的梅子和延河上游枣园里的枣子。

毛说，延安县并不产稻米，但我们在靠近黄河的边区却种植了水稻。12 年以前，我们南方人来到这里的时候发现北方的小米很难下咽，非常想念家乡的大米。最后终于在一处地势较低、气温较暖的山谷找到了一块地方，在那里种植水稻可以获得成功。

我们重新沏上茶继续谈话。毛的小女儿被带进隔壁的另一间窑洞里，让她上床睡觉。毛的直率的谈吐，渊博的知识和诗意的描述使他的这次谈话成为我所经历过的最激动人心的谈话。我从未遇见过有人使用比喻如此贴切而充满诗意。

谈到从蒋的部队缴获的美国武器时，他称之为"输血——从美国到蒋，从蒋到我们"。说到"美帝国主义"时，他说："它变得孤独了。"它的朋友中有那么多人已经死亡或病倒，即使盘尼西林也不能治好他们。说到"反动统治者"时，他说，他们都是纸老虎，看起来样子很可怕，但一下雨就烂了。

"纸老虎"几个字似乎打动了他。他停下来问我是否真正明白了它的准确含意。陆定一开始把它译成"稻草人"。毛让他停下来叫我解释什么是稻草人。他听后不同意用这个词。他说纸老虎不是插在一块田里的死的东西，它吓唬的是孩子而不是乌鸦。它做得看起来像一头危险的猛兽，但实际上只是纸糊的，一遇潮就软了。

毛解释后接下去就用英语说出"纸老虎"这个词，并对自己的发音感到好笑。他说，在俄国二月革命以前沙皇看上去强大而可怕，但一场二月的雨就把它冲走了。希特勒也被历史的暴风雨冲倒了。日本帝国主义也是如此。他们都是纸老虎。

毛笑着用英语说，"蒋介石——纸老虎"。

"等一下，我是一个记者，我能够报道说毛泽东称蒋是一只纸老虎吗？"我打断了他的谈话。

"不要只是那么说，"他仍然笑着回答。然后像一个力求把话说得十分准确而恰当的孩子一样慢条斯理地说，"你可以说如果蒋拥护人民的利益，他就是一只铁老虎。如果他背叛人民并向人民发动战争——这一点他现在正在做——他就是一只纸老虎，雨水也会把它冲走。（以后在毛的一篇文章中出现了"纸老虎"的比喻。我感到有许多这类比喻是他在谈话时发现的，以后再加以发展使用。）

尽管毛泽东对蒋介石嘲笑一番之后，并不想对自己的胜利进行预测。其他共产党人已经在估计需要多久才能取得胜利。毛说，"我们已经打了 20 年的仗，如果需要，我们可以再打 20 年。1946 年他在延安时已经预见到出现大规模外国武装干涉的可能性。推翻蒋并不困难，但是在蒋的背后有外国势力。自从英国通过鸦片战争于 1842 年把洋货强加于中国后，这些外国势力就一直在阻止中国取得完全的独立。他不会说需要多久才能取得完全的胜利。这取决于许多国家，取决于世界范围内'民主力量'的发展。"

"什么是帝国主义的力量？它之所以有力量只是由于人民还没有觉悟。主要的问题是人民的觉悟。力量不在于炸药、油田或原子弹，而在于掌握这些东西的人，而这些人还有待于进行教育……"歇了一会儿，他接着说，"共产党之所以有力量是因为他们唤醒了人民的觉悟。在中国，我们共产党人只有小米加步枪，但最后将证明，我们的小米加步枪要比蒋的飞机加大炮更为强大。"

我说，"还有原子弹哩！"

毛回答说，他怀疑原子弹是否还可能再次用于战争。"它在广岛的大爆炸毁灭了它自己。全世界人民都反对它"。无论如何，原子弹并不能最后解决问题。他说话时笑声中带有一种冷峻的表情："即使在比基尼① 他们也没有能够杀死所有的猪"。

他停顿了一下，接着说，"原子弹的诞生是美帝国主义死亡的开始。因为他们从此只考虑原子弹而不考虑人民。归根到底原子弹不会消灭人民，而人民却要消灭原子弹。"

当毛泽东送我下山时，已经接近午夜了。山路不平，他打着一盏马灯为我照明。我们来到停靠卡车的小路旁，相互告别。他站在小山上，注视着汽车颠簸着向下开入延河的河床，四周溅起了水花。在荒凉漆黑的延安山丘的上空，星星显得特别明亮。

关于毛泽东的传说已经远远超出了他自己的地区，流传到全中国。在没有文化的农民中，人们把他的名字同朱德连在一起，甚至以为他们是一个人——"朱毛"。蒋常常从重庆前来著名的峨眉山避暑。有一次，那里的农民把他们隐藏的步枪拿出来给一位他们信得过的美国朋友看，说道，"一旦时机到来，我们是有所准备的。在朱毛领导之下，生活一定会更好。"这些人当中没有共产党，没有人到这里来告诉他们应该做什么。不论何地，只要农民对地主、军阀的压迫感到不能忍受时，寄希望于"朱毛"的传说就会不胫而走。

---

① 比基尼岛为位于太平洋的马绍尔群岛中最北端的一个珊瑚岛，1946 年美国曾在该岛进行核试验。——译者注

......

毛不仅是共产党的领导人和马克思主义的传播者，而且知识渊博，能与学者论学。他对中国古典文学有很深的造诣，并偏爱中国戏剧。他可以随时引用中国古代文学作品，如同可以随时引用农民的谚语一样。他也可以轻松自如地谈论西方的哲学家，从早期的希腊直到当代的哲学家。

毛还是一位才华横溢的诗人，虽然他并没有多少时间去发挥这方面的才华。1945年，他乘坐美国大使赫尔利的飞机去重庆，这是他20年来第一次走出被封锁的地区。他的诗词[①]轰动了中国陪都的知识界。他们原以为他是一个来自西北窑洞的土宣传家，可是遇见的却是一个在哲学修养和文学风格方面都远远胜过他们自己的人。

毛作为一个诗人、精通各种哲学的学者和马克思主义者，他具有对语言文字的特殊敏感，因而能够回答其他共产党人所不能回答的各种问题。毛的这种天才，有助于毛在不仅有共产党，而且还有许多其他党派参加的联合政府中发挥作用。

毛泽东通过密切联系人民群众，深入分析和对中国人民的悠久历史进行研究的方法获得了一种关于中国人民的知识，并把它带进了这样的联合政府。他还带来了对中国人民的信念，这种信念不是唯心主义的，而是对中国人民的能力、毅力和可以启发的革命觉悟具有一种永不动摇的

---

① 指《沁园春·雪》一词。

信念。他带来了指引航向的能力，分清轻重缓急的能力和估计什么矛盾占了首位的能力。他总是把他的党放在中国和世界的范围之内进行考察。

我从未做到使他说出中国共产党将赢得胜利的话。他们总是说中国人民将赢得胜利，只要依靠人民，中国共产党将获得成功。他认为，各个政党只要为人民服务就能够长期存在下去。

他懂得应该按这样的标准来对自己的工作进行评价。

（摘自《斯特朗文集》第三集，1988 年 3 月
新华出版社出版）

附二

毛泽东的嘱托

在即将离开延安去其他解放区考察前，她又同毛进行了一次长时间谈话。在他们首次谈话以后，美国又向蒋提供了价值近 10 亿美元的军需品。毛坦率地表示出愤怒与失望。安娜·路易斯问他，党会不会因此而担忧。他回答说："未必如此。在你停留延安的这个月里，我们就已消灭了国民党 14 个旅。……现在是从美国那里向蒋进行大输血，但同时这又是从蒋那里向我们再输血。蒋从美国取得供应，而我们要靠他取得这些供应。我们有人员伤亡，但是蒋的士兵能及时取代补充。"这时，毛以讽刺挖苦的口气笑着说道："蒋士兵今天被俘交了枪，明天就能站在我们一边去打仗。这就是辩证法。"毛十分严肃地继续说道："这个战争很奇怪，20 年来我们的一切东西都要靠敌人来供应。"

安娜·路易斯问及共产党人现在是否还有可能被打败，她以为回答一定是否定的。毛的回答使她感到意外。"这将取决于我们能否妥善处理土地问题。如果千百万农民分到了土地，而且急切热情地保卫他们的土地……"他的语调从低到高，最后放声说道，"目前我们可能失去承德、哈尔滨以及山东省的沿海港口乃至张家口。但是，农村土地问题将起最后的决定作用。"

接着，毛又回到了他们初次会见时谈话的中心上来。毛说，美国决定增强蒋的实力，这标志着"帝国主义者已有他们自己的决策，那就是要通过蒋，把我们国家变成他们的殖民地"。毛预见到一种可能，那就是一旦蒋对美国人的要求交不了差，美国人就可能直接介入。但是那样做，"对美帝国主义将是沉重的负担，因为他们已日益陷入维持世界上一切反动派的困境中去。摩天大厦倒很高，根基却较小。"毛论证说，"原子弹诞生之日，就使美帝国主义开始面临末日……因为帝国主义依靠原子弹而不是依靠人民……谁依靠人民，谁才需要维护和平。"他分析了技术、工具的不可靠性，继续说道："谁依靠原子弹，谁就需要战争。这样，帝国主义与人民之间的对抗就日益加剧。原子弹消灭不了人民。唯一的结局只能是，人民消灭了原子弹。"

安娜·路易斯把两次会见谈话记录整理后复制一份留给了陆定一，让他"从政治准确性上进一步修改"，并请他把改正后的稿件交由9月21日起飞的飞机当天带往北平。9月11日，她离开延安到华北、东北旅行采访。

……

冬季一天天地过去，安娜·路易斯写成了有关"纸老虎"问题的访问记以及《毛泽东思想》等文章，交给陆定一从政治上进一步编改。特别是论毛的思想的文章，使他们兴奋和激动。那是首次由一个外国人认真严肃地评价毛对马克思主义的理论贡献。它被译成中文，在党的许多高级干部中广泛讨论研究。在她离开延安后，这篇文章又回译成英文范本，让安娜·路易斯公开发表。她的中国朋友发觉，她是一位敏感而又富有同情心的虚心的学生。中国朋友继续向她强调，毛和俄国人在理论见解上有所不同。

1947 年元月底，安娜·路易斯又一次长时间地正式访问毛。国民党军队向延安推进已成事实，这里做出了撤离延安的计划。在访问会谈中，毛用大部分时间向安娜·路易斯介绍了有关解放军现实处境和最后必胜的具体统计资料。"蒋现在急不可耐了。"毛告诉她，"这就说明了他为什么要夺取张家口和烟台，而现在又准备进攻延安。他不得不把军队送到空室清野的地区来。这座城（延安）既非战略要地也非经济中心，他之所以要侵占这个地方，是因为党中央在这里，他可以向全国宣告'共产党人完了'。那样，他们就感到放心了。但是，即使我们撤离延安，战争照样会打下去。如果你问我，保卫延安和撤离延安，两者哪个比较好。我说保卫它比较好。但是，如果我们离开它，那也同样是完全正确的。"安娜·路易斯焦急地问道："国民党什么时候会开始进攻？"毛告诉她，那要取决于国民党需要多久时间才能完成其部队的调动运转以及粮食、军火等后勤供应的准备工作。她坚持追问："它需要多久？"毛说："至少要 10 天到两周。"

……

在她就要离开延安的前一天晚上，杨家岭戏院举行晚会，先演节目，然后毛泽东接见。杨家岭是她无数幸运良机的源泉，而今却成为使她黯然伤感的告别地。看节目时，安娜·路易斯被安排在第一排席位上，就坐在党的领导人身旁。那天天气寒冷，大家虽然穿上一层又一层的衣服，还是冷得直打哆嗦，幸好在舞台与第一排之间放置了许多炭火盆。演出结束后，安娜·路易斯同周和毛一起走进一座窑洞——那时洞内的人们都已转移，随便进哪个窑洞都一样安静。周给了她一本小册子，叫作《关于党的若干历史问题的决议》，它详细记载了毛为全国各地共产党组织所做的结论性论述。接着，毛又给了她一本《关于边区的经济与财政报告》，它详尽地阐明了行之有效的政策。毛还要求她设法使这两份文件为全世界的共产党组织所知晓，并且特别期望她能把这些文件交给美国和东欧国家的共产党领导人。毛又补充说，他并不认为她有必要把这些文件带到莫斯科去。毛欢迎她重返中国，"时间大约要两年以后，那时我们将会重新接触全世界"。

突然间，毛不再像是接见外宾了。毛开始下达指示，教她如何最妥善地把中国共产党人的情况传播出去。如果有人提出了所谓暴行问题，他说道："就要力求使他们相信，我们的军队是世界上最有纪律的部队。当然，会有些违反纪律的事例。但是，更常见的是，报导者怀有偏见。"如果安娜·路易斯是同各国的共产党人谈话，就"请告诉他们，中国共产党一定会胜利，美帝国主义和蒋介石是可以打败的"。毛一再强调这一点说:"这点很重要。许多人认为我们不能取胜,他们说战争会旷日持久地打下去而难分胜负。这种看法是不符合实际的。如果你是向共产党组织谈论这一点,就说这是毛泽东讲的话。如果你跟其他人谈话,就说这是你自己的看法。"

"告诉美国人民,"他说道,"民主团体的力量并不是渺小的……他们能够打败反动派。告诉英国人民,不要过高估计美帝国主义的力量。美国人民和英国人民对待他们的对手,往往存在着心理上的弱点。在欧洲大陆,不存在这种心理上的弱点。"他就原子弹问题做出结论说:"事情已过去了。蠢人们还在谈论它,但它绝不会再被人使用了。它在日本的爆炸,就已经消灭了它自己,因为全世界都起来反对它。原子能将会移交民用,而原子弹已经结束了自己的生命。"

1947年2月14日,安娜·路易斯离开了延安。她立即从北平到了上海……开始写一本关于延安的书。

(摘自〔美〕特雷西·斯特朗、海伦·凯瑟《心向中国——斯特朗六次访华》,1986年3月解放军出版社出版。文前标题为增订本编者所加)

责任编辑：朱云河
装帧设计：王欢欢
责任校对：张　莉

图书在版编目（CIP）数据

毛泽东自述／人民出版社 编—增订本 . —北京：人民出版社，
　2023.9（2024.12 重印）
ISBN 978－7－01－001493－7

I. ①毛…　II. ①人…　III. ①毛泽东著作－谈话　IV. ① A843.3

中国版本图书馆 CIP 数据核字（96）第 06566 号

毛泽东自述
MAOZEDONG ZISHU

（增订本）

人民大版社 出版发行
（100706　北京市东城区隆福寺街 99 号）

北京雅昌艺术印刷有限公司印刷　新华书店经销

2023 年 9 月第 3 版　2024 年 12 月北京第 17 次印刷
开本：880 毫米 ×1230 毫米 1/32　印张：10.75
字数：200 千字

ISBN 978－7－01－001493－7　定价：58.00 元

邮购地址 100706　北京市东城区隆福寺街 99 号
人民东方图书销售中心　电话（010）65250042　65289539